RENCONTRES
469

Série *Science politique*
6

Nouveaux vocabulaires de la laïcité

Actes de la journée d'études « Les nouveaux vocabulaires de la laïcité : une comparaison France-Québec », organisée à l'université de Bordeaux le 22 juin 2017, publiés avec le soutien de l'université de Bordeaux, de l'Institut universitaire de France, de la Faculté des arts et des sciences de l'Université de Montréal et de l'Université de Sherbrooke

Nouveaux vocabulaires de la laïcité

Sous la direction de David Koussens,
Charles Mercier et Valérie Amiraux

PARIS
CLASSIQUES GARNIER
2020

David Koussens est professeur à la Faculté de droit de l'Université de Sherbrooke, titulaire de la chaire de recherche Droit, Religion et Laïcité.

Charles Mercier est maître de conférences à l'université de Bordeaux (INSPÉ/LACES EA7437) et membre de l'Institut universitaire de France.

Valérie Amiraux est professeure et vice-doyenne à la Faculté des arts et sciences de l'Université de Montréal.

ISBN 978-2-406-10605-0 (livre broché)
ISBN 978-2-406-10606-7 (livre relié)
ISSN 2103-5636

INTRODUCTION

Nouveaux vocabulaires de la laïcité. 1989, trente ans après

Si aujourd'hui l'usage du terme laïcité est popularisé, sa notoriété publique n'a pas toujours été constante. En effet, celui-ci est longtemps resté l'apanage de quelques spécialistes avant que la visibilité croissante de l'expression des convictions religieuses ne contribue à son entrée dans l'usage courant. Gagnant en popularité, la laïcité n'en est pas moins demeurée ce mot qui « sent la poudre », ainsi que la désignait déjà la célèbre formule employée par le doyen Rivero en 1949. Et si l'on se souvient des batailles sémantiques dont le mot a pu faire l'objet à la fin des années 1980, alors qu'éclataient les premières affaires du port du voile islamique à l'école publique, de telles batailles continuent de ponctuer, trente ans plus tard, le débat public.

C'est en effet un vif combat pour définir le « sens vrai » (Fiala, 1991, p. 52) de la laïcité, revendiqué à la fois par les tenants et les opposants de l'interdiction du port du foulard islamique dans les établissements publics d'enseignement secondaire, que provoque l'exclusion, en 1989, de trois collégiennes musulmanes de Creil, qui refusent d'enlever leur foulard en cours. Dans le débat qui s'engage, chacun se prévaut des mêmes textes juridiques, soit la loi de séparation des Églises et de l'État de 1905 et la constitution de 1958, pour en proposer les exégèses les plus variées. C'est donc à des fins de clarification que le ministre de l'Éducation nationale, Lionel Jospin, saisit le conseil d'État, dans sa fonction de conseil du gouvernement, sur la question litigieuse de savoir si le port de signes religieux à l'école est compatible avec le principe de laïcité.

En rendant leur désormais célèbre avis du 27 novembre 1989, les juges du Palais-Royal délimitent les conditions dans lesquelles le foulard islamique est admis dans les établissements d'enseignement. Le port par les élèves de signes manifestant leur appartenance religieuse n'est pas incompatible avec le principe de laïcité qui, bien au contraire, garantit à chaque citoyen le droit d'exprimer sa foi[1]. Seuls les signes arborés dans un but prosélyte, portant atteinte à la dignité ou à la liberté de l'élève ou compromettant les activités d'enseignement peuvent être interdits. Il demeure alors du ressort des collèges et des lycées d'établir un règlement spécifique en fonction du contexte local. S'il clarifie l'état du droit, cet avis évite de définir ce que recouvre la laïcité. Il entretient le flou et légitime par là-même les conflits d'interprétation alors même que la société française « qui a constitué son vocabulaire politique dans un conflit pluriséculaire entre catholicisme et libre pensée », doit réfléchir à nouveaux frais « aux données théologiques, politiques et sociologiques de la confrontation avec l'islam » (Balibar, 1991, p. 74).

Rapidement, la Ligue de l'enseignement, acteur historique de la laïcité française, se trouve accusée de trahison pour avoir endossé l'avis du conseil d'État et s'être positionnée contre l'exclusion des jeunes filles portant le hijab dans leur collège de Creil (Tournemire, 2014). Si trahison il y a, c'est à l'endroit d'une laïcité que l'on qualifie alors d'« authentique », de « vraie », de « républicaine », bref, de ce qui est alors désigné comme « la » laïcité. Textes fondateurs à l'appui, les détracteurs de la Ligue de l'enseignement lui reprochent d'avoir démissionné devant les expressions les plus contemporaines de l'obscurantisme religieux. En adoptant une position jugée trop libérale, voire libertaire, elle aurait en effet dévoyé les principes laïques aux fondements mêmes du pacte républicain, pour leur substituer une laïcité « ouverte », « plurielle », bref, une « nouvelle laïcité » (Balibar, 1991 ; Baubérot, 1996, p. 13-14).

Les discussions, parfois acharnées, sur la « vraie » laïcité, ne sont certes pas nouvelles dans l'histoire de la laïcité française (Kheir, 2014). Toutefois, le contexte, marqué par la visibilité accrue des expressions de foi en islam, brouille les lignes traditionnelles (Barbier, 1993) : de nouveaux acteurs se lancent dans la défense d'une laïcité qui serait de plus en plus détournée. C'est ainsi que des partis politiques de droite et d'extrême droite, des représentants des confessions religieuses, des groupes féministes, et des militants de la cause LGBTQ s'engagent sporadiquement dans les débats en élaborant de nouveaux discours associant

1 *Avis du Conseil d'État portant sur la question de savoir si le port de signes d'appartenance à une communauté religieuse est ou non compatible avec le principe de laïcité*, Assemblée générale (section de l'intérieur), 27 novembre 1989, n° 346893.

à la laïcité des vocabulaires porteurs de valeurs parfois ignorées des aménagements juridiques traditionnels. Dans cette perspective, l'usage, tout au long des années 1990, de dérivations préfixales et suffixales à la laïcité (« catholaïcité » ; « ultralaïque » ; « antilaïque » ; « pseudolaïque »), ainsi que l'emploi d'expressions lui associant des qualificatifs à usage polémique (« laïcité ouverte » ; « nouvelle laïcité ») (Fiala, 1991, p. 55-56 ; Bonnafous, 1991, p. 66-67) sont révélateurs d'une tentative de « réhabilitation républicaine » de la laïcité.

À l'aube du changement de millénaire, plusieurs événements survenus aussi bien à l'international que dans le contexte français ont marqué les imaginaires collectifs. Avec les attentats commis à Paris en 1995 et 1996 par le Groupe islamique armé, à New-York le 11 septembre 2001 par Al-Qaïda, la menace (islamiste) quitte son berceau territorial pour s'étendre à l'Occident. Le péril extérieur (le terrorisme musulman) fait alors écho, dans les imaginaires sociaux, à un danger intérieur (les communautarismes musulmans) que la visibilité du religieux dans la société semble traduire. Par ailleurs, au plan politique, la société française est traumatisée par l'élection présidentielle de mai 2002, dont le résultat est perçu comme la conséquence d'une fracture sociale toujours plus profonde alors même que le mot « cohésion » « hante le lexique public » comme le relève Philippe Portier (Portier, 2016, p. 243). C'est dans ce contexte que la question du port du foulard à l'école rejaillit dans le débat public, alors que plusieurs exclusions de lycéennes, décidées en conseil de discipline, ont été désavouées par les tribunaux administratifs (Lamy, 2016, p. 120-121).

Un an après l'élection présidentielle de 2002, le député François Baroin remet au Premier ministre Jean-Pierre Raffarin un rapport dans lequel il estime que « la laïcité est un enjeu politique » dont la droite républicaine, l'Union pour un Mouvement Populaire, ne peut laisser le monopole aux partis de gauche. Diagnostiquant une multiplication des demandes de reconnaissance des droits, qu'il associe « au développement du communautarisme et de l'islamisme », il appelle à une « re-politisation du thème de la laïcité qui pourrait devenir une valeur de la "droite de mai" face à une gauche qui s'est largement convertie au multiculturalisme et n'a pas su répondre au défi du communautarisme ». Le député propose, dans ce rapport intitulé « Pour une nouvelle laïcité », d'en réaffirmer les principes constitutifs pour mieux « répondre au choc du 21 avril » et « relancer la dynamique républicaine[2] ».

Comme le relève Jean Baubérot, « la mesure phare consiste à revenir sur l'avis du conseil d'État de 1989 et "à proscrire le port du voile dans les établissements scolaires" » (Baubérot, 2015, p. 108). Compte-tenu de « la dimension politique du sujet », François Baroin considère « qu'il serait utile d'installer une commission ad hoc présidée par une personnalité incontestée, qui serait chargée de faire des propositions concernant les diverses questions auxquelles est confronté le principe de laïcité ». C'est Bernard Stasi, médiateur de la République et ancien ministre centriste qui sera nommé par le Premier ministre Jean-Pierre Raffarin pour présider la commission sur « l'application du principe de laïcité dans la République ». Composée de vingt membres choisis pour la complémentarité de leurs expertises sur la laïcité (universitaires, élus, cadres de l'Éducation nationale, responsables associatifs...), et la diversité de leurs convictions religieuses et philosophiques, la commission travaille de juillet à décembre 2003, en auditionnant différents acteurs. Au terme de négociations internes, les « sages » remettent un rapport qui définit la laïcité de manière analogue au conseil d'État en 1989 (c'est-à-dire dans un sens libéral), tout en proposant des mesures allant pour certaines dans le sens d'une restriction de la liberté d'expression religieuse (interdiction des signes religieux ostensibles à l'école), pour d'autres dans celui d'une meilleure reconnaissance de celle-ci (création de jours fériés en lien avec les religions juive et musulmane).

La réception médiatique puis politique du rapport aboutit à ce que seule la mesure d'interdiction des signes ostensibles à l'école soit retenue. La loi du 15 mars 2004, votée quelques semaines après la remise du rapport Stasi, dispose que « le port de signes ou tenues par lesquels les élèves manifestent ostensiblement une appartenance religieuse est interdit ». Constitutionnellement, c'est « l'intérêt de l'ordre public » et non le « principe de laïcité » qui justifie l'interdiction. Mais la circulaire d'application du 18 mai 2004 fait de la mesure une « application » du « principe constitutionnel de laïcité ». La rupture, pour discrète qu'elle soit, n'en est pas moins déterminante. Elle marque l'achèvement temporaire d'un processus de renégociation du sens du mot « laïcité », qui

2. François Baroin, « Pour une nouvelle laïcité » [2003] (consultable en ligne sur le site voltairenet.org).

s'est joué sur quinze années. Associé en 1989 à la liberté d'expression des croyances, il se retrouve en 2004 corrélé à l'encadrement de la visibilité du religieux dans l'espace public.

Loin de vouloir s'inscrire dans le débat ou de prétendre à quelque visée normative que ce soit, cet ouvrage tente de donner des clés de compréhension des évolutions des vocabulaires de la laïcité. Il invite d'abord à orienter le regard vers plusieurs « entrepreneurs de cause », c'est-à-dire vers ceux qui s'emploient volontairement à (re)définir la laïcité en fonction de leur projet idéologique ou électoral. L'ouvrage s'attache ensuite à observer comment, dans ce contexte, les « récepteurs », c'est-à-dire ceux qui, tout en maniant le mot, n'ont pas d'agenda spécifique à promouvoir, se réapproprient et mobilisent ces nouveaux vocabulaires de la laïcité.

Dans un premier chapitre, Rémi Lefebvre présente une analyse qui permet de comprendre comment le Parti socialiste, pour qui la laïcité constitue un marqueur historique, a fait face aux renégociations du sens du mot. Le texte montre que le consensus laïque, déjà fortement fissuré avec l'arrivée des chrétiens de gauche au PS dans les années 1970, a explosé dans les années 1990 à partir du moment où la laïcité a été mise en jeu non plus par rapport au catholicisme mais par rapport à l'islam. Après l'OPA de la droite sur le thème, les socialistes se divisent en trois tendances. La première regroupe les partisans d'une laïcité stricte, soit pour des raisons antireligieuses (Jean Glavany), soit pour des raisons « identitaires » (Manuel Valls). Ils souhaitent ne pas laisser à la droite le monopole de la « nouvelle laïcité » d'interdiction. La deuxième tendance fédère ceux qui dénoncent l'instrumentalisation de la laïcité contre les minorités culturelles et religieuses. Elle aspire à combattre la « nouvelle laïcité » au nom des libertés, et du respect de la diversité. La troisième demeure dans une forme d'ambigüité, et de neutralité, par peur des conséquences électorales d'un positionnement trop explicite.

La contribution de Sylvain Crépon est très révélatrice des importants déplacements qu'a connu la notion de laïcité : nous emmenant en effet de l'autre côté de l'échiquier politique, ce chapitre présente la façon dont l'extrême droite, à la suite de la droite, s'est à son tour emparée du référentiel laïque pour, d'une part, élargir son socle électoral, d'autre part, défendre de manière renouvelée son programme xénophobe et « ethno-différentialiste ». Comme le montre l'auteur, à partir de 2007, le Front national (FN) de Jean-Marie Le Pen abandonne les éléments de langage du national-catholicisme pour défendre une « laïcité » chargée de l'assimilation des étrangers et de la préservation de l'identité chrétienne de la France. Mais les exigences de cette assimilation sont tellement hautes qu'elles sont quasiment inaccessibles, et donc excluantes. La laïcité est une sorte de code qui permet au FN, désormais Rassemblement national (RN), de mobiliser une sémantique républicaine dénuée de toute référence directement raciale, tout en poursuivant son projet originel.

Le chapitre suivant, présenté par Yann Raison du Cleuziou, permet de prolonger l'analyse de l'articulation entre la défense d'une identité catholique de la France et la laïcité, en s'intéressant à la manière dont les catholiques investissent le mot autour de 2015, dans un contexte d'attentats revendiqués par Daech. Deux stratégies s'opposent ici. Premièrement, celle de la Conférence des évêques de France, qui promeut une « laïcité ouverte » qui, implicitement, garantit à l'Église catholique une forme de prééminence sur les autres religions ainsi qu'un rôle central dans la gestion de la diversité convictionnelle. Deuxièmement, celle des catholiques conservateurs, qui veulent faire de la laïcité un héritage du christianisme, incompatible avec les conceptions politiques de l'islam. Selon ces derniers, l'État doit constitutionnaliser l'identité chrétienne de la France pour donner une assise solide au principe de laïcité.

L'efficacité des stratégies de ces entrepreneurs de cause peut être testée à partir d'un repérage des nouveaux vocabulaires de la laïcité qu'ils promeuvent dans les principaux véhicules médiatiques. Le chapitre de Valérie Amiraux et David Koussens met ici en évidence, en s'appuyant sur une analyse lexicométrique d'articles publiés dans les presses françaises et québécoises, à quel point le sens du mot laïcité se fige et se durcit non seulement dans la presse hexagonale, mais aussi dans certaines presses francophones, notamment la presse québécoise.

Mais l'efficacité de ces stratégies doit aussi être relativisée, ce que permettent d'ailleurs de faire les deux derniers chapitres de l'ouvrage. L'on y découvre que les vocabulaires de la laïcité échappent partiellement, dans les mots des Français, aux significations que leur ont assignées ses promoteurs.

La contribution de Charles Mercier permet d'observer les modalités de la circulation, vers les enfants, des lexiques de la laïcité élaborés par les élites politiques et médiatiques. À partir de l'exploitation d'un questionnaire rempli par 160 écoliers bordelais, il analyse les évaluations et les contenus associés par les élèves de CM1-CM2 au mot laïcité. Si l'influence de la renégociation du mot opérée en 2004 au moment de l'interdiction des signes ostensibles à l'école se fait clairement ressentir, on observe en même temps une certaine agentivité des enfants qui colorent le mot avec leurs propres ressources de sens et leurs propres expériences.

Le même phénomène peut être repéré dans le chapitre que propose Cécile Alduy. L'analyse des paroles de citoyens collectées dans une base de données textuelles lors de la campagne présidentielle de 2017 montre une relative autonomie des électeurs par rapport aux discours des hommes et des femmes politiques qu'ils soutiennent. La majorité silencieuse n'a pas les positions que les stratèges électoraux anticipent : la laïcité qui fait consensus est « ouverte, humaniste, républicaine » et « non stigmatisante ». Les divergences viennent moins des affiliations partisanes que de la religion, du niveau d'éducation, du sexe et de l'âge des personnes interrogées.

À la lecture de ces contributions, il apparaît que si certains vocabulaires de la laïcité sont performants pour alimenter des représentations sociales fortes, c'est aussi parce qu'ils rejoignent plusieurs des intuitions pratiques des citoyens : il est difficile de gérer certaines interactions de la vie quotidienne en contexte pluraliste et des lexiques deviennent des outils permettant de surmonter les obstacles rencontrés. Ce faisant, ils acquièrent une autonomie pour mieux infléchir les modes de pensée individuels et collectifs et, de ce fait, (re)structurer les rapports sociétaux et politiques à la diversité religieuse (Koussens, 2018, p. 115). Autrement dit, ces vocabulaires et les représentations qui en découlent font écho aux expériences concrètes, heureuses ou malheureuses, que les citoyens font de la diversité. Validés par leurs propres affects (rapports au religieux notamment), d'une part, et par des entrepreneurs de cause (milieux politiques, médiatiques, religieux, syndicaux ou universitaires), d'autre part, ils deviennent, pour ceux qui les portent, des vérités.

Ce premier défrichage des nouveaux vocabulaires de la laïcité met à jour certaines des stratégies adoptées par des entrepreneurs de cause dans les débats récents sur la laïcité. Il rappelle le caractère dynamique de la laïcité que les chercheurs cherchent à constituer en objet scientifique. Tout en ayant un ancrage juridique et historique, ses significations évoluent au gré des contextes politiques, des enjeux sociaux et des rapports de force entre ceux qui s'en saisissent dans le débat public, et lui attribuent un contenu qui correspond à leurs opinions. Cette plasticité du concept favorise la diffusion de représentations multiples de ce qu'est la laïcité. Et c'est bien là une richesse pour le débat scientifique.

Ce livre fait suite à un colloque organisé à l'Université de Bordeaux grâce au soutien de l'INSPE d'Aquitaine, du LACES EA 7437, du CRIDAQ (UQAM), de l'équipe PLURADICAL (FRQSC), ainsi que du SoDRUS et de la Chaire Droit, Religion et Laïcité de l'Université de Sherbrooke. Merci à Safa Ben Saad et à Marie-Noëlle Tremblay qui nous ont assistés sur ce projet.

David KOUSSENS
Université de Sherbrooke

Charles MERCIER
Université de Bordeaux

Valérie AMIRAUX
Université de Montréal

LA LAÏCITÉ AU PARTI SOCIALISTE

De l'emblème au problème

> Quand, pour stigmatiser l'islam, le Front National s'est mis à revendiquer le mot de laïcité, il y a eu dans notre famille politique un état de sidération face à ce coup stratégique de Le Pen. En détournant une valeur de gauche, il nous a renvoyés dans nos contradictions.
>
> Philippe DOUCET, député socialiste, *Libération*, le 21 juin 2015.

La laïcité a longtemps été un marqueur discursif et idéologique du socialisme français, idéologie née à la fin du XIXe siècle au moment où la question religieuse occupe une place centrale dans le clivage gauche-droite. Un siècle plus tard, le rapport des socialistes à la laïcité a beaucoup changé : il est aujourd'hui à la fois malaisé et ambivalent. La laïcité est devenue pour les socialistes un enjeu sociétal et politique difficile à traiter, dont la conflictualité interne est saillante. Plusieurs facteurs contextuels alimentent ce changement. À partir des années 1980, l'islam devient un fait religieux majeur en France que le Parti Socialiste (PS) doit prendre en compte d'autant que les Français d'origine immigrée constituent l'un de ses électorats ; la montée de l'islamisme et l'irruption des actes terroristes sur le sol européen affectent l'ensemble des discours de la classe politique (des formes de « paniques morales » se développent autour de l'islam) ; la droite et l'extrême droite se saisissent du thème de la laïcité dont la gauche avait jusque-là l'exclusivité.

Ce chapitre propose ici d'esquisser l'analyse de la carrière (Neveu, 2015)[1] d'un référent et de montrer que la laïcité est passée du statut d'*emblème* à celui de *problème* pour le PS. Alors qu'elle faisait figure de blason identitaire et de code culturel cimentant le parti, la laïcité, un thème dont la gauche n'a plus le monopole et qui est devenu concurrentiel, clive désormais fortement les socialistes. Il s'agit, dans cette contribution, de *cartographier* au sein du PS les définitions dominantes de la laïcité et de comprendre les nombreuses ambigüités d'un référent qui devient plus flottant et pluriel, dans un contexte de droitisation du discours sur la laïcité. Au début des années 2000, la droite s'empare en effet de la laïcité, ce qui lui permet, par une forme de triangulation, d'en faire un levier de protection face à la « menace identitaire[2] ». Face à la visibilité croissante de l'islam, ses leaders invoquent de plus en plus la laïcité, qui ne menace plus directement la religion catholique. Le Front national (FN) instrumentalise dans un sens islamophobe ce référent et la droite républicaine le travaille et l'intègre à son discours au titre de la lutte qu'elle entend mener sur le « le terrain des valeurs » nationales[3].

Pourquoi le rapport des socialistes à la laïcité s'est-il pluralisé et par là-même « adjectivé » ? Un adjectif vient en effet expliciter les contours d'un signifiant dont le sens ne vaut plus en soi. On utilisera notamment les sept idéal-types proposés par Jean Baubérot (2015), qui renvoient chacun à différentes manières d'accommoder les relations entre la religion et la politique[4] et on montrera que certains de ces idéaux-types

1 Carrière est ici entendue au sens processuel et interactionniste. Une question, un enjeu se redéfinissent sans cesse et ne sont pas immuables. Leur traitement et leur cadrage évoluent en fonction d'effets de configuration du jeu politique, de son système de clivages et de l'évolution de la société. L'enjeu de la laïcité au PS doit donc être étudié relationnellement, notamment en lien avec son traitement changeant par la droite de l'échiquier politique.

2 En 2004, l'UMP est à l'origine de la loi sur les signes religieux dans les écoles publiques, qui restreint le port de signes religieux.

3 Ces labellisations et étiquetages sont compliqués à manier. Ils sont à la fois conceptuels et enjeux de luttes politiques. Il s'agit à travers leur mobilisation par les acteurs de se qualifier et de disqualifier. Des filiations à un même texte peuvent être contradictoirement mobilisées au gré d'exégèses changeantes. Les partisans d'une laïcité « ouverte » peuvent s'inscrire dans la tradition libérale de la loi de 1905 qui peut aussi servir de référence canonique aux partisans d'une laïcité plus stricte.

4 Jean Baubérot (2015) a montré qu'il n'existe pas un modèle français de laïcité mais différentes représentations selon les acteurs sociaux et politiques. Leur contenu se modifie dans une certaine continuité. Le rapport de forces entre leurs partisans change. La laïcité ne saurait ainsi être essentialisée selon un modèle unique. Il distingue le courant

traversent le parti. Les significations de la laïcité ont toujours été plurielles à gauche mais les luttes définitoires autour de ce marqueur identitaire, longtemps relativement consensuel et fruit d'une longue histoire, se sont exacerbées ces dernières années, notamment en lien avec les débats portant sur l'islam. Chez les socialistes, à une laïcité « ouverte » et « inclusive » s'oppose désormais une laïcité aux accents identitaires qui sert d'étendard à un réinvestissement de l'héritage républicain. Pour les partisans de la laïcité « ouverte », l'État doit être neutre et se borner à organiser la coexistence des convictions de chacun. Pour les partisans de la seconde laïcité, les citoyens doivent accepter de devenir un peu plus neutres dans l'espace public. Les premiers accordent une importance centrale à la libre expression individuelle des croyances (au nom parfois de la protection des minorités et de la volonté de faire une place aux religions, et notamment à l'islam, dans l'espace public et politique) ; les seconds tendent à privilégier une vision intégrée de la communauté politique et nationale qui nécessite de mettre au second plan les différences culturelles ou cultuelles (repousser les signes extérieurs de la religion de manière stricte dans la seule sphère privée). Entre ces deux pôles, beaucoup de dirigeants socialistes s'abstiennent de prendre position ou adoptent une ligne médiane ou ambigüe.

On peut ainsi se demander si la laïcité n'est pas devenue, au PS, un impensé ou un enjeu mal formulé entre les deux polarités précédemment énoncées (son explicitation étant trop coûteuse politiquement[5]). Tiraillé entre féminisme, laïcité et lutte contre l'islamophobie, dans un contexte marqué par la menace jihadiste, le PS peine à stabiliser sa ligne politique.

On procédera dans ce texte en deux temps, d'abord en revenant sur le rapport historique du PS à la laïcité, emblème relativement consensuel, avant d'analyser le temps de l'ambivalence et les clivages qui dominent le parti depuis le début des années 2000[6].

---

antireligieux, le courant gallican, séparatiste canal historique (1905), séparatiste moderne, laïcité ouverte, identitaire, concordataire.

5 De manière plus générale, la polarisation du débat public en France autour de l'islam, même au PS, contribue à ce que de nombreux débats (mariage pour tous, bioéthique, travail le dimanche) soient aujourd'hui des impensés de la laïcité alors même qu'ils sont des débats de laïcité.

6 Merci à Ismaïl Ferhat pour sa lecture attentive de ce texte et ses suggestions.

UN MARQUEUR HISTORIQUE

Les rapports des socialistes à la laïcité n'ont jamais été homogènes (les conflits d'interprétation récurrents de la loi de 1905 en témoignent) mais une forme de consensus autour de l'attachement à un « code laïque » domine jusqu'aux années 1980. Il est lié au poids de ce que Ismaïl Ferhat a appelé la « galaxie laïque » qui constitue un des principaux écosystèmes du PS jusque dans les années 1980. Par cette expression, il désigne « l'ensemble des organisations se reconnaissant dans la référence militante à la laïcité en particulier dans le domaine éducatif, et dans la défense de l'école publique qui en découle » (Ferhat, 2018, p. 36).

LE RÉFÉRENT LAÏQUE ET SON ÉROSION

À la fin du XIXe siècle, les socialistes ne voient pas dans le cléricalisme leur ennemi prioritaire, à la différence des radicaux, qui comme Clémenceau, font de l'anticléricalisme un étendard (Ducange, 2017)[7] (l'hostilité à la religion étant néanmoins profonde dans les milieux militants). Les socialistes se distinguent aussi des républicains opportunistes comme Jules Ferry qui défendent une laïcité de compromis (le maître d'école enseigne grosso modo la même morale que celle du clergé). La loi de 1905, que les socialistes soutiennent, offre une forme de compromis aux diverses sensibilités de gauche.

Il existe bien une « laïcité antireligieuse » (au sens de Jean Baubérot) chez les socialistes, incarnée notamment par Maurice Allard[8] (pour qui la religion est une force qui oppresse par essence les consciences). Guy Mollet (1905-1975), secrétaire général de la SFIO (Section française de l'internationale ouvrière) ou Michel Charasse, ministre de François Mitterrand (1988-1992)[9], s'inscrivent dans cette tradition en refusant de

7 Jules Guesde considère que la laïcité est un enjeu secondaire et « bourgeois » qui ne doit pas détourner les socialistes de la lutte des classes.

8 Lors des débats en 1905, ce député dépose de nombreux amendements, notamment sur l'interdiction du port de la tenue ecclésiastique en public ou le remplacement des jours fériés religieux par des jours fériés laïques.

9 Ce dernier avait une aversion personnelle pour la religion, ce qui ne l'a pas empêché d'être l'auteur d'un amendement qui mettait les enseignants du privé sous contrat à égalité pour la retraite avec les enseignants du public.

franchir la porte des églises lors des enterrements (« par souci de laïcité »). Jean-Luc Mélenchon, adhérent du PS jusque 2008, s'inscrit dans cette tradition farouchement anticléricale[10]. Pour ces socialistes, être vraiment laïque implique d'être totalement irréligieux, et une laïcité qui ne ferait que neutraliser l'État de toute expression religieuse est jugée trop laxiste et donc condamnable. La laïcité et l'anticléricalisme sont en quelque sorte liés, la visibilité religieuse étant considérée comme une atteinte à ce principe cardinal. La laïcité constitue pour ces socialistes un moyen d'imposer une sécularisation complète.

Mais, pour les socialistes, la laïcité est avant tout liée à l'école. Rappelons que le PS est un parti historiquement ancré dans le monde enseignant et dans le milieu « laïque » au sens large, ce qui conditionne son rayonnement dans la société (Ducange, 2017). Traditionnellement, cet univers militant regroupe à la fois les responsables des associations affiliées à la Ligue de l'enseignement, à la Fédération des conseils de parents d'élèves (FCPE), de nombreux syndicalistes enseignants de la FEN (Fédération de l'éducation nationale, qui a été longtemps un « vivier nourricier » pour le socialisme) (Geay, 1997), la majorité des rangs du Grand Orient de France (GODF) ou encore certains militants de Force Ouvrière proches de l'ancienne SFIO. Ce monde laïque a été cimenté par près d'un siècle de combats communs en faveur de la défense de l'École publique. Il a donné naissance à un puissant réseau de mutuelles (MAIF, MGEN) et de coopératives (CAMIF, CASDEN) qui ont fédéré un monde social de la laïcité en France. Les instituteurs en ont longtemps constitué le noyau dur. Par le biais des amicales laïques, des associations de parents d'élèves ou encore des délégués cantonaux de l'Éducation nationale, d'autres catégories sociales s'y sont également impliquées. Les professeurs et les instituteurs – dont beaucoup sont d'anciens syndiqués – qui ont rejoint le PS après le congrès d'Épinay, représentent toujours, dans les années 1980-1990, entre un quart et

10 Jean-Luc Mélenchon reproche aux présidents de la République Nicolas Sarkozy puis Emmanuel Macron d'accepter d'être nommés Chanoines honoraires de Latran, la paroisse du Vatican à Rome. En juillet 2008, il publie un ouvrage *Réplique au discours de Nicolas Sarkozy, chanoine de Latran* dans lequel il dénonce le discours que Nicolas Sarkozy a prononcé, à l'occasion de son intronisation, qui adopte le concept de « laïcité positive » défendu par le pape Benoît XVI. « Il s'agit, selon lui, de faire entrer la France dans la logique du "choc des civilisations" où les religions définissent les personnes, les sociétés et le système des relations internationales » et donc de « tourner la page de la loi de 1905 de séparation des Églises et de l'État ».

un tiers des militants et des élus du PS (Girault, 2004). Avec le conflit sur l'école (autour duquel se reformule la question religieuse dans le clivage gauche-droite), la laïcité reste un bien symbolique de la gauche et l'un des marqueurs principaux du PS. La question scolaire cristallise un dissensus sur l'attribution de fonds publics aux écoles privées, la plupart étant confessionnelles (or l'article 2 de la loi de 1905 interdit le financement public des religions). La droite apparaît « anti-laïque » quand elle soutient ce financement au nom de la « liberté » des citoyens.

Les années 1970, celles de la reconstruction du PS, sont marquées par le maintien d'une référence laïque forte que l'arrivée des « catholiques de gauche » va affecter (Ferhat, 2013)[11]. Au Congrès d'Épinay, en juin 1971, le premier courant « chrétien » du PS, « Objectif socialiste / Vie nouvelle » incarné par le maire de Laval, Robert Buron, apparaît (Pelletier et Schlegel, 2012). Son adhésion au PS suscite la crainte chez certains courants laïques du PS (le « canal historique » SFIO). Les poperénistes, notamment, soulignent les risques de conflit au sein du PS entre ces chrétiens de gauche et les réseaux laïques du parti défendus par les militants enseignants[12]. Comme le montre bien Ismaël Ferhat (2016), « le positionnement du PS en matière de laïcité devient plus complexe, notamment à partir de 1977 », année qui marque une grande victoire municipale annonciatrice de l'alternance nationale pour les socialistes. De nombreuses positions locales sont conquises dans l'Ouest traditionnellement catholique où le secteur de l'enseignement privé est puissamment enraciné. Avec la conquête du pouvoir présidentiel en 1981, le projet de nationalisation des établissements scolaires sous contrat (90e des 110 propositions de François Mitterrand) entraîne une grave crise politique qui met à l'épreuve le pouvoir socialiste. Le « peuple de droite » mobilisé obtient le retrait du projet porté par le ministre de l'Éducation nationale, Alain Savary (1981-1984). Ce dernier proposait une loi visant à unifier l'enseignement secondaire et à mettre fin à la distinction entre l'école privée (dite « école libre ») et l'école publique. Elle déclenche, à droite, de nombreuses protestations, qui débouchent sur une importante manifestation dans les rues de Paris en juin 1984

11 On s'appuie très largement dans les développements qui suivent sur les travaux d'Ismaïl Ferhat.

12 La revue poperéniste *Synthèse-Flash* se fait l'écho des organisations laïques dont elle partage les thèmes, les militants et les actions.

au nom de la défense de l'« école libre ». Le pouvoir socialiste recule et le retrait de la réforme est vécu comme une forme de capitulation par une partie des cadres du PS. Pour Ismaïl Ferhat, le conflit sur la loi Savary marque l'affaiblissement de « la galaxie laïque au sein même de la gauche, tant une partie de cette dernière s'accommode désormais de l'existence d'un enseignement privé sous contrat[13] ». Le nouveau ministre de l'Éducation nationale, Jean-Pierre Chevènement (1984-1986), établit alors des dispositions « simples et pratiques » qui pérennisent son existence, laquelle ne sera plus remise en cause par les majorités de gauche ultérieures. Le combat laïque semble perdre sa centralité, à l'exception néanmoins de la mobilisation contre le projet de révision de la loi Falloux en 1994[14]. Il s'est en quelque sorte dépolitisé par l'effet de son déplacement. L'école privée cesse en effet d'être principalement un enjeu confessionnel pour devenir une opportunité de sélection et de choix des meilleures écoles par les parents. Le PS reconnaît ainsi la légitimité des « consommateurs d'école », qui cherchent à optimiser le choix d'établissement pour leurs enfants, surtout dans un contexte de montée du chômage des jeunes. La guerre contre l'école privée semble définitivement enterrée, en dépit des inégalités scolaires et donc sociales qu'elle concourt à aggraver. Une partie de la gauche laïque au PS exprime néanmoins un « sentiment de trahison » après l'abandon du projet Savary. Le congrès de Toulouse qui se tient en 1985 montre une forme de désarroi de certains militants et cadres vis-à-vis de la position du parti sur la laïcité. Le « code laïque » continue à souder une fraction des adhérents, notamment les plus anciens (Lefebvre et Sawicki, 2018)[15], mais il perd de sa force dans l'électorat. La laïcité est ainsi devenue comme *orpheline* au PS (elle ne peut plus s'accrocher à l'enjeu de l'école). Mais ce référent va se restructurer autour de la question de l'islam. On peut dire, de ce point de vue, que la laïcité s'*islamise* au PS.

13 *Idem.*

14 Le ministre de l'Éducation nationale François Bayrou cherche à lever certains obstacles au financement de l'enseignement privé mais se heurte alors à une forte protestation et mobilisation de la gauche.

15 Les nouvelles générations d'enseignants, dont la professionnalité se transforme fortement, se révèlent moins engagées et apparaissent moins attachées à la laïcité.

L'AFFAIRE DU VOILE

L'affaire du voile en 1989 introduit une nouvelle rupture. Ce n'est plus désormais le catholicisme qui cristallise les tensions internes au parti. À partir du milieu des années 1980, la question de l'islam supplante largement le conflit scolaire qui ne donne plus guère lieu à politisation. En octobre 1989, dans un collège de Creil dans le département de l'Oise, trois élèves musulmanes sont exclues parce qu'elles refusent d'enlever leur foulard en classe, ce que n'admet pas le principal de l'établissement. L'État et les socialistes constatent alors le regain de visibilité de la religion dans l'espace public. L'affaire prend rapidement une ampleur nationale et suscite des débats à gauche comme à droite. Le ministre socialiste de l'Éducation nationale, Lionel Jospin, sollicite l'avis du conseil d'État qui, en novembre 1989, prône un traitement du sujet *au cas par cas* dans le cadre de chaque établissement.

Le cadrage du problème rend son traitement politique complexe. Le principe de laïcité entre en effet en tension claire avec le principe de justice sociale. Les musulmans constituent une minorité socialement défavorisée (dominée, à la différence des catholiques[16]) qui, par ailleurs, devient une clientèle électorale (Juhem, 2001)[17]. De fait, la position du parti est ambivalente et le gouvernement est divisé (Cahon, 2019). Les chevènementistes, partisans d'une laïcité historique et qui craignent une « capitulation en rase campagne », s'opposent à la deuxième gauche rocardienne, pour qui la liberté de l'individu prime, et qui se positionne sur une attitude, pragmatique plus « ouverte » et tolérante (il ne faut pas écarter les jeunes élèves de l'école). Les premiers campent sur la fermeté (le voile à l'école est une « infraction à la règle républicaine »), les seconds misent sur le fait que les filles abandonneront le voile au contact de l'école publique et de l'esprit critique. Lionel Jospin refuse de trancher, se rangeant derrière l'avis pragmatique du conseil d'État. Le jeune député socialiste François Hollande exprime ainsi bien les dilemmes des socialistes : il se dit « partisan de la laïcité » mais déclare qu'il faut veiller à « la scolarité des enfants » au nom de l'idéal d'accueil universel de l'école publique (Ferhat, 2016). Cette reformulation du problème de

16 La sociologie électorale établit que le vote à droite est fortement corrélé avec la pratique du catholicisme.

17 Le soutien de François Mitterrand aux mouvements antiracistes comme SOS-Racisme n'est pas dénué d'arrières pensées électoralistes.

la laïcité se double de la mise en avant du féminisme, qui constitue un autre référent central de gauche. Le port du voile entre en collision avec un certain idéal d'émancipation des femmes, devenu prégnant dans le discours socialiste à partir des années 1970.

« L'affaire du foulard » catalyse une mutation multiforme du débat public en France vis-à-vis de la laïcité. Une équivalence tend à s'imposer dans le débat public entre laïcité et interdiction du voile, voire hostilité à l'islam. Cette association d'idées est d'autant plus facile qu'au même moment, dans le contexte de la guerre civile en Algérie, les islamistes du FIS imposent le port du foulard aux femmes. La question de la laïcité est le plus souvent traitée ou discutée dans le cadre de dossiers et débats relatifs aux populations issues de l'immigration, à l'islam de France ou aux banlieues, à la politique de la ville, à « l'intégration[18] » et aux processus croissants de ségrégation socio-spatiale[19]. Au même moment, la question du multiculturalisme devient l'un des enjeux saillants du débat intellectuel. Des universitaires comme le sociologue Michel Wievorka, proche du PS et hostile à une « crispation » sur la laïcité, prônent un dépassement de la tradition universaliste française (Wieviorka, 1995). La question de la laïcité se complexifie au PS et, de manière emblématique, les épithètes se multiplient pour la qualifier et la spécifier : « renouvelée », « ouverte », « refondée », « historique » (Ferhat, 2013)… La laïcité charrie de nouveaux halos de significations, au PS comme dans l'espace public. Certains socialistes réclament d'autant plus de fermeté sur la laïcité qu'ils ont le sentiment que le parti a abdiqué en 1984 face à l'offensive catholique. La lutte contre le « foulard islamique » semble ainsi servir d'exutoire à ceux qui sont souvent labellisés « Républicains ». Alors que la position du PS sur les questions socioéconomiques tend à glisser vers

18 La controverse de Creil est ainsi suivie de la mise en place en 1989 du Haut Conseil à l'intégration par le gouvernement de Michel Rocard. Vincent Geisser analyse cette croyance socialiste selon laquelle l'intégration va résoudre la nouvelle question religieuse (*Le Monde*, le 23 février 2007) : « Aux yeux des socialistes, il y a les intégristes et les intégrés. Ils sont sur l'idée, de gauche, que le recours au religieux est un effet de l'échec des politiques économiques et sociales. Ce sont l'accès à l'éducation et la lutte contre les discriminations qui favorisent l'intégration dans la République et détournent de la religion. Personne n'est là pour leur dire que le retour à l'islam se produit aussi beaucoup dans les classes moyennes et supérieures. » Comme les politiques menées ne produisent pas leurs effets, les socialistes tendent alors selon le même auteur à culturaliser la question musulmane, et la lecture en termes de « problème musulman » se généralise.

19 Pour une approche constructiviste, voir Collovald (2001).

le social-libéralisme (à la suite au tournant de 1983 vers la « rigueur » et les politiques de désinflation compétitive), l'intransigeance en matière de laïcité permet d'afficher un marqueur de gauche traditionnel ainsi qu'une filiation historique avec un socialisme originel et « pur ». Lors du Congrès de Rennes en 1990, Laurent Fabius, ancien Premier ministre (1984-1986) associé au social-libéralisme sur le plan économique, qui vise la succession du président de la République, défend clairement une position hostile aux signes religieux à l'école et réussit à obtenir le soutien de noms prestigieux du camp laïque (d'anciens dirigeants de la FEN ou du Grand Orient de France). Des intellectuels proches du parti socialiste, comme Élisabeth Badinter ou Régis Debray, affichent publiquement des positions hostiles au voile. Pour ces derniers, le professeur est porteur d'universel, les parents et la société d'un particularisme auquel il faut arracher l'élève. À l'inverse, d'autres dirigeants socialistes défendent une « laïcité ouverte ». Ce concept a notamment été promu par la Ligue de l'enseignement proche du PS (colloque de Toulouse en 1989 se projetant dans « une laïcité pour l'an 2000 »). La ministre et maire de Strasbourg rocardienne, Catherine Trautmann, le reprend à son compte. Cette laïcité tempérée est vécue comme une dilution par les militants laïques traditionnels qui la rejettent et finissent par l'emporter : le concept de « laïcité ouverte » disparaît dans les débats des conventions nationales et congrès à partir de 1997.

UN RAPPORT DE PLUS EN PLUS PROBLÉMATIQUE À LA LAÏCITÉ

À partir de 2003, resurgit la question du foulard à l'école, à nouveau fortement médiatisée notamment avec l'affaire des sœurs Lévy exclues d'un lycée à Aubervilliers. Dans les discours politiques, dans les médias, se répand comme une évidence, l'idée que la laïcité serait fortement « menacée » (ce qui se discute…). Le débat public s'envenime en se structurant autour de controverses médiatiques et intellectuelles vives, d'évènements, d'« affaires » successives (dans des cantines scolaires, des crèches, des hôpitaux, aux guichets de certains services publics, etc.) ou de déclarations qui prêtent à surenchères politiques et spectacularisation (Charandeau, 2015). Ces paniques « morales » (De Cock et Meyran, 2017) récurrentes contribuent à une nouvelle politisation et à un cadrage inédit de cet enjeu, fortement polarisé et médiatisé. Pour Jean Baubérot, cette réinscription à l'agenda politique et médiatique marque un tournant dans la conception dominante de la laïcité. Le Premier ministre Jean-Pierre Raffarin commande un rapport à François Baroin qui se détourne, selon l'historien, de la conception libérale de la laïcité issue de la loi de 1905. Jean Baubérot constate que cette « nouvelle laïcité », contrairement à celle issue de la loi de 1905, n'est pas anticléricale mais anticommunautariste, en ce qu'elle est liée au passé colonial de la France plus qu'à l'héritage politique de la Révolution (Baubérot, 2004). Elle se révèle liée à la crainte d'un « islam politique transnational » et s'oppose au « modèle anglo-saxon » jugé « trop accommodant envers les religions[20] ». S'opère ainsi un transfert du principe de laïcité et de l'exigence de neutralité de l'État vers la société civile. Selon les juristes Stéphanie Hennette-Vauchez et Vincent Valentin (2014), cette « nouvelle laïcité » est, contrairement à celle issue de la loi de 1905, « dans une logique de contrôle » : elle veut neutraliser tout ce qui, dans le religieux, différencie, singularise[21]. Elle est désormais investie par la droite qui, tirant profit de la mésentente à gauche sur cet enjeu, embrasse le combat pour l'extension de la neutralité (université, entreprise…).

L'extension corrélative de l'exigence de neutralité aux membres de la société civile se manifeste dans le rapport de la Commission Stasi et dans les débats parlementaires précédant l'adoption de la loi du 15 mars 2004 qui encadre le port des signes d'appartenance religieuse à l'école et abroge la jurisprudence de 1989. La convergence des points de vue se traduit par le vote quasi-unanime des députés et sénateurs du PS en faveur de la loi. Seuls trois députés socialistes ont voté contre (dont Christiane Taubira, qui estime que cette loi est une défaite de la

20 Jean Baubérot se réclame d'une « laïcité inclusive » qui est contestée par l'essayiste et journaliste Caroline Fourest, proche un temps du PS, car elle conduit selon elle à une posture « accommodante envers les minorités religieuses et les nouveaux mouvements religieux » (Fourest, 2018).

21 La loi de 2004 constitue un changement indéniable par rapport à 1905. En revanche, pour être précis, certains germes du contrôle laïque des usagers du service public apparaissent dès les circulaires Jean Zay de 1936 et 1937 sur le prosélytisme dans les établissements scolaires (puisqu'il voulait interdire aux lycéens notamment les signes vestimentaires politiques).

laïcité car elle empêche, selon elle, le libre exercice du culte)[22]. La Ligue de l'Enseignement s'est aussi opposée à la loi de 2004. Ses dirigeants ont fait valoir qu'ils cherchaient à suivre une ligne de crête, refusant la dérive d'une laïcité instrumentalisée qui bride l'expression publique des religions, mais également refusant tout laxisme face aux revendications religieuses jugées inacceptables.

À partir de la fin des années 2000, on peut distinguer trois positionnements chez les socialistes. Deux occupent des pôles opposés : la laïcité que l'on qualifiera d'identitaire et la laïcité ouverte. Entre les deux, une grande majorité des dirigeants campe sur une position médiane ou d'évitement ambigüe (en cela qu'elle leur permet de ne pas se positionner sur un enjeu clivant et couteux politiquement car ayant de multiples implications électorales notamment à l'échelle locale). Le député socialiste Philippe Doucet résume ainsi la situation : « Aujourd'hui, il y a trois lignes au PS : d'un côté les laïcards historiques, francs-maçons, qui considèrent que les religions nous emmerdent ; de l'autre ceux qui considèrent que la laïcité est un prétexte pour stigmatiser les musulmans ; et au milieu, la ligne Aristide Briand, qui tente d'incarner un consensus[23]. » La comparaison avec la ligne Briand (promoteur d'une ligne libérale en 1905) n'est pas pleinement pertinente historiquement : de fait la ligne médiane agrège ceux qui se réclament de son héritage avec ceux qui préfèrent rester dans l'ambigüité.

LA LAÏCITÉ « IDENTITAIRE »

Les partisans d'une laïcité « stricte » se revendiquant comme tels se décomposent schématiquement en deux sous-familles : les « laïcards » traditionnels (antireligieux) et les laïques identitaires de Manuel Valls (selon l'appellation de Jean Baubérot pour la seconde). Jean Glavany, député socialiste[24] s'inscrit dans la première sensibilité, proche du parti

---

22 Pour les socialistes, l'ancien ministre de l'Agriculture, Jean Glavany, explique alors que cette loi était « devenue nécessaire » du fait des difficultés rencontrées par la communauté éducative qui « a lancé » aux députés « un appel à l'aide très pressant ». Il poursuit : « C'est parce que cette loi est nécessaire que les socialistes ont abordé ce débat dans un esprit responsable et constructif », ajoutant qu'elle était « émancipatrice et protectrice pour toutes les femmes ». Voir *L'Obs*, 13 février 2004.

23 *Marianne*, le 21 janvier 2016.

24 Son enracinement électif dans une terre où la gauche a une vieille tradition républicaine (Hautes-Pyrénées) joue sans doute.

radical. Au congrès socialiste de Poitiers, le même Jean Glavany défend un texte qui exige du PS de trancher la question de la laïcité, objet selon lui de trop de flottements. Il est signé par une trentaine d'élus. Le mot « laïcité », pratiquement absent de toutes les motions (textes d'orientation), est néanmoins très peu prononcé à la tribune du congrès. Après les événements de *Charlie Hebdo* (janvier 2015), le Parti Radical de Gauche (PRG) revient à la charge avec une proposition de loi pour interdire le foulard dans les centres de loisirs. En commission des lois, le débat s'enflamme entre députés socialistes[25]. Un mois plus tard, le PS est parvenu à dissuader le PRG de l'opportunité de son texte.

Le développement de la laïcité identitaire[26] est le produit d'une radicalisation liée aux attentats des années 2000 et 2010[27], à la montée du Front national et à la droitisation de la laïcité, entamée par Jacques Chirac, après la publication du rapport Baroin, et poursuivie par Nicolas Sarkozy. Le contexte terroriste islamiste est instrumentalisé pour renforcer la position d'une laïcité stricte tournée explicitement contre l'islam à l'égard duquel toute marque de « complaisance » est dénoncée. Pour Jean Baubérot, la première formulation de la laïcité identitaire de droite date de 2003. Cette dernière distingue les religions qui appartiendraient à l'identité première de la France de celles qui seraient importées. Nicolas Sarkozy, dont le rapport à la laïcité a été très fluctuant au gré de ses stratégies politiques[28], s'en fait progressivement le chantre. Il fonde son discours sur une identité française transhistorique où le catholicisme est culturalisé. Pour Jean Baubérot, la laïcité identitaire tend à limiter voire à transgresser la neutralité de l'État tout en prônant une forte extension de l'obligation de neutralité aux individus. Elle transforme la laïcité en un outil visant à protéger la « civilisation chrétienne » contre l'islam, et favorise ce faisant l'inégalité entre citoyens suivant leur religion.

Manuel Valls, candidat à la primaire socialiste de 2011 et Premier ministre de 2014 à 2016, se fait peu à peu le porte-drapeau d'une

25 *Libération*, le 21 juin 2015.

26 Le label n'est pas revendiqué par ses partisans.

27 Notons qu'après chaque attentat, les débats se tournent vers l'école pensée comme un sanctuaire laïque (la laïcité étant assimilée en quelque sorte à un outil contre le terrorisme).

28 Nicolas Sarkozy a été un temps le chantre de la « laïcité positive » et en 2004 a hésité à soutenir la loi interdisant les signes religieux ostensibles à l'école par crainte que la communauté musulmane ne la ressente « comme une punition ou une humiliation ».

conception identitaire de la laïcité, qui l'éloigne de son rocardisme originel. Cette version « à gauche » de la laïcité identitaire est surdéterminée par l'enjeu de la nation. Elle renvoie à une stratégie, parmi d'autres, de reconquête des catégories populaires (perdues sur le terrain économique et social et jugées hostiles à l'islam). On ne peut comprendre cette reformulation de la laïcité et son instrumentalisation si on ne les relie pas aux évolutions idéologiques de la gauche, et plus largement de l'ensemble du champ politique (réorganisation du système de clivages et triangulations successives). L'acceptation du social-libéralisme sur le terrain économique, pensée comme un horizon indépassable (la « politique de l'offre » de François Hollande à partir de 2012) s'accompagne de la mise en avant d'un néo-républicanisme aux accents nationalistes. Ce dernier vise à trianguler (en sens inverse…) la droite (ne pas laisser à la droite le combat contre l'islam et la laïcité). La version identitaire de gauche est dépouillée de la dimension de soutien au catholicisme que l'on trouve chez Nicolas Sarkozy. Manuel Valls, reformulant la laïcité traditionnelle, la conçoit comme « un combat politique », en particulier face à la question du voile (« aujourd'hui, il y a une revendication, à propos du voile, qui conteste la République ») tout en prétendant défendre les musulmans (« Nous devons protéger nos compatriotes de confession ou de culture musulmane qui sont sous la pression de l'islam politique[29] »).

Il y a bien désormais une compétition politique pour apparaître comme le plus ardent défenseur de la laïcité, redevenue un enjeu électoral et culturel central. Philippe Doucet, député socialiste, proche de Manuel Valls, déclare en juin 2015 : « La campagne de 2017 se fera sur le terrain des valeurs, et notamment celle de la laïcité, Sarkozy a d'ailleurs commencé. Or, à gauche, on ne sait pas comment s'y prendre[30]. » Manuel Valls est explicite concernant la dimension stratégique de la laïcité dans son discours : « Bien sûr, il y a l'économie et le chômage, mais l'essentiel, c'est la bataille culturelle et identitaire[31] ». Cette conception de la laïcité s'inscrit dans une stratégie de reconquête des milieux populaires qu'a cherché à formaliser l'universitaire Laurent Bouvet (2015). Ce politiste, longtemps proche du PS dont il a été membre de 1988 à 2007, dénonce la défense par une partie de la gauche de revendications religieuses au nom de la

29 *La Croix*, 5 avril 2016.

30 *Libération*, le 21 juin 2015.

31 *Le Journal du Dimanche*, le 5 avril 2016.

lutte pour les minorités discriminées. Selon lui, l'immigré est considéré (à tort) par les socialistes comme « le nouveau damné de la terre », dominé à raison non plus de son appartenance de classe mais de son « identité[32] ».

Le professeur de science politique a progressivement explicité sa conception de la laïcité (Bouvet, 2019)[33]. Face à une laïcité issue du multiculturalisme anglo-saxon, pour qui la religion n'est qu'une affaire privée et qui voit un meilleur facteur d'intégration dans une laïcité inclusive, il défend une stricte neutralité de l'État, une relégation des croyances religieuses dans la sphère privée et se fait le chantre d'un « combat laïque » pour contrer l'influence de l'islam politique dont les revendications sont contraires à la culture républicaine. Sa conception est républicaine à « visée universaliste ». La laïcité n'est pas qu'un régime de liberté individuelle d'essence libérale : elle doit protéger la liberté religieuse mais aussi les individus (et les femmes en particulier). Laurent Bouvet dénonce le paradigme de la « diversité » (dont la laïcité « ouverte » est le sous-produit[34]) qui, selon lui, conduit à la dégradation du lien social d'ensemble en raison d'un renfermement des différents groupes sur eux-mêmes. La célébration de la « diversité » favorise alors le développement d'une « insécurité culturelle » des individus et des populations qui n'en sont pas les bénéficiaires. L'historien Roger Martelli[35] pointe les contradictions et les incohérences de ce discours :

> Ce sont les « minorités » qui sont la source des crispations identitaires de la « majorité » ; ce sont les *cultural studies* qui provoquent la fixation contemporaine sur les identités. Laurent Bouvet nous dit que l'inquiétude des « majoritaires » doit être prise en compte, quand bien même elle ne serait pas fondée ; mais celle des « minorités » n'est pour lui que « mensonges » et « faux-semblants ». La solution coule de source, ou tout au moins une partie de la solution : que les minorités cessent de penser leur « différence » et acceptent leur « intégration ».

Laurent Bouvet est l'un des initiateurs du *Printemps républicain* lancé en mars 2016 pour défendre une laïcité « abandonnée » ou laissée en

---

32 L'abandon rapide de la bataille du droit de vote des immigrés aux élections locale au PS plaide plutôt pour une analyse inverse… La lutte contre les discriminations mobilise très peu au PS. Voir Fassin (2014).

33 Voir aussi Bergounioux et Bouvet (2019).

34 Le politiste dénonce « la baubérisation » de la laïcité. Jean Baubérot reproche une erreur d'interprétation de la loi de 1905 commise par Laurent Bouvet : elle ne relègue pas la religion à l'espace privé.

35 *Regards*, le 2 février 2015.

déshérence par le PS. Ce mouvement pose comme principe que « toute discrimination à raison de l'identité de la personne est par définition antirépublicaine et anti-laïque » et critique le concept d'islamophobie accusé de servir « à museler toute critique de l'islam[36] ». Amine El Khatmi, maire-adjoint socialiste d'Avignon, l'un des initiateurs du manifeste, déclare :

> Il y a urgence à s'organiser concrètement pour mener ce combat de la laïcité face à la montée en puissance des attaques contre les principes républicains. On a assisté, durant ces derniers mois, à des débats publics de plus en plus tendus notamment autour de l'Observatoire de la laïcité. Et certains d'entre nous qui prenions part à ces échanges se sont fait violemment attaquer par des gens qui semblaient très bien organisés. Or nous, face à cela, nous étions éparpillés. Nous n'avions que notre bonne volonté, nous qui défendons la laïcité. C'est de ce constat-là que nous avons décidé de nous rassembler, de nous organiser concrètement pour mener ce combat de la laïcité[37].

Une forme d'amalgame entre sécurité, laïcité, immigration et islam s'est ainsi constituée. Il permet à ses artisans de réorganiser le champ politique à leur profit. Parler de laïcité pour Nicolas Sarkozy c'est une façon de revendiquer une France blanche et chrétienne (pour suivre le sociologue François Dubet[38]). Pour Manuel Valls, cela permet d'exhiber un républicanisme aux accents nationalistes qui le démarque des autres dirigeants du parti en occupant un espace qu'ils laissent vacant. On est donc face à une instrumentalisation de la laïcité, qui glisse vers la question nationale. Il faut prendre en compte ces divers phénomènes pour comprendre la montée en puissance des revendications visant à étendre le champ des interdits, loin de l' « esprit » de la loi de 1905 (qui n'est pas censée conduire à l'oppression des religions mais au respect des différences). Lors de la controverse sur le burkini (été 2016), le Premier ministre Manuel Valls apporte ainsi son soutien aux maires qui ont interdit le port de ce maillot de bain intégral (principalement des maires de droite, hormis à Sisco), arguant que « face aux provocations, la République doit se défendre ». Manuel Valls défend aussi l'interdiction du voile à l'Université.

---

36 https://www.printempsrepublicain.fr. Consulté en novembre 2019.

37 *Marianne*, le 12 mars 2016.

38 *Le Monde*, le 24 mars 2015.

LA LAÏCITÉ « OUVERTE »

Manuel Valls et le printemps Républicain prennent pour cible les partisans d'une laïcité « ouverte » qui prétend s'inscrire quant à elle dans la filiation libérale de la loi de 1905. L'Observatoire de la laïcité en est l'un des protagonistes. Cette commission consultative est chargée de conseiller et d'assister le gouvernement sur le principe de laïcité, soumis de plus en plus à interprétations et exégèses. Créée le 25 mars 2007 par Jacques Chirac, elle n'est installée qu'en avril 2013 sous la présidence d'une figure du PS, Jean-Louis Bianco. La laïcité « ne peut pas répondre à tous les maux de la société [...] de la ghettoïsation de certains quartiers [...] ou [...] de la perte de repères et de confiance dans l'avenir », lit-on dans le rapport annuel 2016-2017 de l'Observatoire, qui émet le souhait « que, dans le débat sur la laïcité, certains médias, certains élus et certains intellectuels qui aujourd'hui cèdent au "culte de l'immédiateté" ou à celui du "clash", adoptent demain une position plus responsable, prenant le recul nécessaire à l'analyse ». Le rapport déplore une « profonde méconnaissance du droit » sur le terrain, pouvant conduire « à des interdictions ou à des autorisations injustifiées » et exprime « la crainte renouvelée d'une extension du domaine de la neutralité », avec « un risque pour la liberté d'expression des convictions individuelles », ainsi que « d'un recours contreproductif à d'éventuelles nouvelles lois "d'émotion"[39] ». Manuel Valls est entré en conflit à plusieurs reprises avec l'instance, lui reprochant sa modération et sa proximité avec des associations comme le Collectif contre l'islamophobie (CCIF)[40].

La laïcité a constitué l'un des enjeux saillants de la primaire ouverte pour désigner le candidat à l'élection présidentielle du PS en janvier 2017. Partisan d'une Charte de la laïcité adossée à la Constitution, Manuel Valls se réclame de la laïcité défendue par Caroline Fourest. Il revendique la lutte contre « le communautarisme » et juge Benoît Hamon, son principal rival classé à gauche du parti, « ambigu » sur cette question, en pointant les « risques d'accommodements » dans son discours. En décembre 2016, Benoît Hamon, ancien ministre de l'Éducation, invité

39 https://www.gouvernement.fr/rapport-annuel-de-l-observatoire-de-la-laicite-2016-2017-et-sa-synthese (consulté le 10 janvier 2020)

40 Voir notamment : https://www.lemonde.fr/primaire-de-la-gauche/article/2017/01/26/pour-manuel-valls-benoit-hamon-n-a-pas-leve-les-ambiguites-sur-le-communautarisme_5069343_5008374.html (consulté le 10 janvier 2020)

à commenter un reportage montrant l'absence de mixité dans certains cafés de banlieues, notamment à Sevran (Seine-Saint-Denis), avait souligné qu' « historiquement, dans les cafés ouvriers, il n'y avait pas de femmes », paraissant ainsi relativiser le problème. « Aucune tradition culturelle dans la République française ne peut admettre qu'on interdise à des femmes un lieu ou un espace public », lui répond Manuel Valls. Certains proches de Benoît Hamon, comme Pouria Amirshahi, affichent une certaine proximité à l'égard du PIR, le Parti des indigènes de la République. Alexis Bachelay a participé à des activités du CCIF (Collectif contre l'islamophobie en France). Pendant la primaire, Benoît Hamon a défendu une vision plus ouverte de la laïcité[41] : « La laïcité, ce n'est pas un dogme de plus, ce n'est pas la religion de ceux qui n'ont pas de religion, c'est l'art du vivre ensemble[42]. » Accusé par certains de ses adversaires de complaisance envers le communautarisme musulman, le député des Yvelines s'est dit surpris de voir « les arguments du FN » utilisés contre lui dans sa propre famille politique. Il dit défendre « la loi de 1905, toute la loi de 1905, rien que la loi de 1905 », loi « complète » et de « liberté » : « Là où une femme décide librement de porter le foulard islamique, et il en existe, peu importe ce que nous pensons, au nom de la loi de 1905, elle est libre de le faire, et moi je veux lui assurer cette liberté[43]. » Il rappelle que la loi de 1905 n'interdit à personne de se conformer à des codes vestimentaires que sa confession ou ses goûts personnels lui recommandent.

François Hollande a pris grand soin pendant son mandat de se tenir à l'écart de ces deux positions, au nom du *statu quo*[44]. Le premier secrétaire du Parti socialiste, Jean-Christophe Cambadélis adopte un même attentisme stratégique. Une forme d'ambigüité domine donc au PS sur la question, faute de position officielle, ce flottement traduisant une

41 Les oppositions autour de la laïcité ne recouvrent que partiellement les clivages, prégnants, en matière socioéconomique au PS. À la gauche du parti, par exemple, des conceptions plurielles coexistent : laïcité ouverte chez Benoît Hamon ou plus traditionnelle chez Emmanuel Maurel. On peut dire la même chose à La France Insoumise où on retrouve les mêmes lignes de clivages entre Jean-Luc Mélenchon et Clémentine Autain.

42 *La Croix*, le 26 janvier 2017.

43 *RTL*, le 27 janvier 2017.

44 Au fur et à mesure de son mandat, à y regarder de plus près, il a plutôt soutenu les tenants d'une version libérale de la laïcité en soutenant Bianco contre Valls et dans ses interventions sur la laïcité, surtout après 2015, a toujours défendu la position selon laquelle il ne s'agissait pas d'une religion civile.

forme d'évitement d'une question politiquement sensible. Au moment de la primaire, le ministre de l'Intérieur chargé des cultes, Bruno Le Roux, défend une autre formule, empruntée à Régis Debray, la « laïcité d'intelligence », en clôture de la troisième session nationale de l'Institut des hautes études du monde religieux. « Notre société a évolué », estime le ministre : « Sécularisation accélérée d'un côté, qui a conduit nombre de nos concitoyens à perdre le lien culturel qui les unissait au religieux, émergence de l'autre de nouvelles identités religieuses dans notre pays ». Face à ces « défis », le ministre de l'Intérieur affirme qu'il est « difficile de comprendre la motivation des nouveaux comportements religieux et le rapport parfois très sensible que les Français entretiennent avec eux si l'on ne se frotte pas à l'étude du fait religieux ». Il loue l'action des « instances de dialogues » entre l'État et les cultes – l'Église catholique depuis 2002, l'islam depuis 2015 – comme des exemples entrant « totalement dans le cadre de la laïcité d'intelligence ».

CONCLUSION
Au-delà des positions et des discours

Islamisée, « électoralisée », instrumentalisée, la laïcité a fortement clivé le PS. Elle est au cœur d'un agrégat de questions complexes dans lequel la présence musulmane est centrale. Comment expliquer ces flottements, ambigüités et polarisations sur le sujet ? La présence démographique stabilisée de musulmans en France et leur pratique constituent un défi pour la gauche en général et le parti socialiste en particulier dans la mesure où elles perturbent leur héritage politique ou amènent à le reformuler dans un contexte radicalement changé. Comme le montre le sociologue Michel Wieviorka (2011), « en 1905, le grand combat de la gauche était de séparer l'Église et l'État. Aujourd'hui, le problème est l'inverse : elle doit inclure une nouvelle religion dans la République, faire valoir de nouvelles attentes, fixer des relations entre l'État et l'islam ». Pour l'heure, le Parti socialiste se révèle incapable de penser ce nouvel enjeu hors de catégories historiques familières, que certains dirigeants pensent immuables. La désintellectualisation du parti (Cos, 2017) et un rapport de méconnaissance ou de méfiance à l'égard de la sociologie (explicite chez Manuel Valls[45]) sont directement en cause et expliquent dans une certaine mesure la difficulté à affronter cette question. Les sciences sociales ont démontré les usages multiples du voile (Beaugé, 2013), non réductibles à une lecture religieuse[46], l'intensité des discriminations et de l'islamophobie[47], phénomènes que tendent à sous-estimer les partisans d'une laïcité stricte. Sous prétexte de ne pas prêter attention aux différences, de nombreux dirigeants gomment celles qui nourrissent les discriminations. Le PS n'a pas les outils intellectuels (ou ne se les donne pas) pour penser l'irruption d'un nouveau fait religieux et d'un nouveau modèle de croyance. La sociologie des militants et des cadres peu ouverts à la « diversité » est aussi en cause (Lefebvre et Sawicki, 2006). Le vieillissement des militants-enseignants, de moins en moins nombreux, expliquent l'attachement à une laïcité traditionnelle. Le PS est ainsi enclin à capter un discours identitaire qu'il n'a pas enfanté mais incorporé, comme le montrent Vincent Geisser et Aziz Zemouri (2007).

Les ambivalences et polarités du discours socialiste sur la laïcité tiennent aussi à des dilemnes électoraux. On peut parler en ce sens d'une électoralisation de cet enjeu. La question de la laïcité a des implications électorales pour le PS, bien implanté dans des territoires à forte population musulmane[48] mais aussi fortement ancré dans des terres de veille tradition laïque et républicaine. Il faut distinguer en la matière la stratégie électorale d'ensemble du PS, sans surestimer sa cohérence, et celle des élus locaux.

La première n'est pas consensuelle dans le parti. Le think tank *Terra Nova*, dans un rapport controversé produit en mai 2011[49], préconisait

45 Voir Lahire (2016). Hajjat et Mohammed montrent qu'après le 11 septembre 2001 puis l'arrivée du FN au deuxième tour de la présidentielle de 2002, un basculement s'opère : le discours des sciences sociales a été disqualifié. Experts, essayistes ou politiques reprochent aux sociologues : « Vous n'avez pas réussi à repenser la société. » Voir Hajjat et Mohammed (2013).

46 Les dirigeants socialistes et une partie des féministes tendent à rabattre le foulard sur une seule signification, l'oppression.

47 Pour Manuel Valls, Emmanuel Maurel, Élisabeth Badinter ou Caroline Fourest, l'islamophobie n'est qu'un « prétexte » pour faire passer la laïcité pour « antimusulmane ».

48 Aux élections de 2007 et 2012, les électeurs musulmans qui représentent environ 5 % du corps électoral ont massivement voté en faveur du PS (86 % au second tour en 2012 selon L'IFOP). Aux élections municipales de 2014, cet électorat s'est massivement abstenu, selon le politiste Claude Dargent, *Le Monde*, 21 décembre 2015, p. 9.

49 http://tnova.fr/rapports/gauche-quelle-majorite-electorale-pour-2012, consulté le 27 décembre 2019.

une stratégie fondée sur l'alliance entre les diplômés urbains et les minorités d'origine immigrée, faisant le deuil des catégories populaires prétendument gagnées au populisme et donc perçues comme « irrécupérables ». La stratégie d'autres tendances (celle du club La Gauche populaire (Baumel et Kalfon, 2011) ou celle de Manuel Valls) consiste, à l'opposé, à s'adresser aux milieux populaires traditionnels (les « petits blancs ») en se démarquant nettement d'un discours multiculturaliste pensé comme impropre à leur reconquête.

Au niveau local, le rapport à la laïcité n'est pas non plus dénué d'arrières pensées électoralistes. Les élus locaux cherchent pragmatiquement à fidéliser des clientèles musulmanes sans avoir de position cohérente sur laicité. La question du clientélisme communautaire fait ainsi l'objet d'accusations au sein du PS et suscite une forme de malaise, voire des doubles discours (Mohammed et Talpin, 2018)[50]. Certains maires ont par exemple adopté des stratégies d'ouverture à l'égard des musulmans localement qu'ils n'assument pas forcément nationalement. Martine Aubry, mairesse de Lille, a ainsi autorisé des horaires aménagés dans les piscines municipales pour les musulmanes, mesure qu'elle a ensuite nié avoir prise après avoir été accusée de « dérives communautaristes ». Le député Malek Boutih, le 25 janvier 2015, déclare au micro de France Inter :

> La gauche doit se remettre en cause profondément [...] Il faut arrêter la délégation à des autorités locales qui sont, soit au mieux, débordées, soit complices. Les élus locaux s'arrangent avec la réalité ou ils participent de cette réalité pour avoir un petit paquet de voix aux prochaines élections.

Le député Jérôme Guedj demande dans le même sens une clarification nationale « pour en finir avec les complaisances locales avec la laïcité pour éviter les conflits[51] ». Faut-il adapter la loi de 1905, simplement s'en réclamer, la durcir ? Les socialistes affichent des divergences profondes sur cette question[52]. Ils participent globalement à un récit de la laïcité devenu de plus en plus anxiogène, « sombre et défensif ». Au PS, dans

50 Les clientélismes multicommunataires ou religieux traditionnellement pratiqués à Marseille ou Versailles sont rarement évoqués. Voir Mohammed et Talpin (2018).

51 *Marianne*, le 21 janvier 2016.

52 Notons néanmoins que le départ après la débâcle électorale de 2017 tant de l'aile droite du PS (Manuel Valls) que de l'aile gauche républicaine (Emmanuel Maurel) tend à déconflictualiser la question de la laïcité au parti socialiste. Lors d'un débat sur « l'islamophobie »,

une large mesure, « la morale laïque d'aujourd'hui apparaît comme un raidissement devant les problèmes divers d'insécurité, d'autorité et de communautarisme ». De principe de tolérance et d'émancipation, elle est devenue souvent « le passager clandestin de l'identité » (Mabilon Bonfils et Zoia, 2014).

Rémi Lefebvre
Université de Lille

le bureau national a produit le mardi 5 novembre 2019 un avis unanime, ce qui est rare sur cette question.

LE RASSEMBLEMENT NATIONAL[1] ET LA LAÏCITÉ

Retour sur des usages contradictoires

Le 11 septembre 2016, à la question « l'islam est-il compatible avec la République ? » qui lui est posée sur TF1, Marine Le Pen répond : « Moi, je crois que oui. Un islam tel que nous l'avons connu, laïcisé par les Lumières comme les autres religions ». Voilà plus de dix ans que Marine Le Pen a fait de la laïcité un de ses thèmes de prédilection. Tout commence en 2006. Cette année-là, la fille de Jean-Marie Le Pen est nommée directrice de campagne de son père en vue de la préparation de l'élection présidentielle de 2007. Bien décidée à donner un nouvel élan aux traditionnelles thématiques frontistes qui, certes, ont fait leurs preuves depuis l'émergence électorale du FN au début des années 1980, mais peinent à convaincre au-delà de l'électorat traditionnel du parti lepéniste, la jeune politicienne va s'ingénier à les adapter au contexte politique de l'époque. Deux éléments de propagande hautement signifiants permettent de saisir cette émergence thématique. Tout d'abord la fameuse affiche imprimée en 2006 montrant une jeune femme au phénotype marqué (métisse ou « beurette » selon les interprétations[2]) qui, pouce pointé vers le bas, dénonce l'inefficacité des politiques sociales et sociétales tant de la gauche que de la droite : « Nationalité, assimilation, ascenseur social, laïcité, droite/gauche, ils ont tout cassé ». Ce sera ensuite le discours de Valmy prononcé par Jean-Marie Le Pen, le 20 septembre de la même année, dans lequel le candidat à l'élection

1 Le parti de Marine Le Pen ayant récemment changé de nom à la suite d'une consultation interne de ses adhérents, nous l'évoquerons ici essentiellement par son nouveau nom, Rassemblement national (RN), celui-ci pouvant englober la période antérieure à ce changement. Toutefois, lorsque nous nous référons à des périodes précises de l'histoire du FN, nous reprendrons l'ancien nom, Front national (FN).

2 Christophe Forcari, « Polémique autour d'une affiche », *Libération*, 11 décembre 2006. Le journaliste précise notamment : « La vieille garde conteste le choix d'une "beurette" pour illustrer le thème de l'immigration ».

présidentielle de 2007 fait converger nation et République, allant même jusqu'à lancer un appel aux jeunes d'origine étrangère : « Et vous aussi, Français d'origine étrangère, je vous invite à nous rejoindre, vous que nous avions si bien su assimiler par le passé [...]. Oui, vous aussi, Français d'origine étrangère, je vous appelle à communier sur nos valeurs, dans la mesure où vous respectez nos coutumes et nos lois, dans la mesure où vous n'aspirez qu'à vous élever dans ce pays par le travail, nous sommes prêts, comme nous le fîmes toujours par le passé, à vous fondre dans le creuset national et républicain. » Et le candidat à la présidentielle de 2007 de louer en conclusion de son discours « la République, selon notre Constitution : laïque, démocratique et sociale ».

À l'origine de cette impulsion discursive durant la campagne présidentielle de 2007, Marine Le Pen met à nouveau les valeurs républicaines et laïques en avant en 2010-2011, alors qu'elle est en lice pour succéder à son père à la tête du Front national face à Bruno Gollnisch, puis, à partir de 2012, lorsqu'elle est candidate à l'élection présidentielle. Elle invoque à l'époque les valeurs laïques pour mieux dénoncer les prières musulmanes qui ont lieu dans plusieurs rues de la capitale[3], ou encore le fait que certaines catégories de personnes ou minorités seraient en danger dans des quartiers où habitent un grand nombre de musulmans : « J'entends de plus en plus de témoignages sur le fait que dans certains quartiers, il ne fait pas bon être femme, ni homosexuel, ni juif, ni même français ou blanc » déclare-t-elle ainsi en 2010[4]. Le principal danger qui menace la nation française, tout autant que l'immigration, devient désormais le « communautarisme », que la nouvelle présidente frontiste définit pendant la campagne présidentielle de 2017, comme étant « le vivier de l'islam radical », et dont la responsabilité du développement exponentiel incomberait à des élus locaux qui pratiqueraient un clientélisme électoral en favorisant des associations religieuses d'obédience salafiste[5].

Comme l'analyse la linguiste Cécile Alduy, Marine Le Pen et son équipe ont fabriqué un « langage codé » où « certains mots servent de masque » (« communauté pour immigrés »), d'autres de « faire-valoir

---

3 « Marine Le Pen compare les "prières de rue" des musulmans à une "occupation" », *lemonde.fr*, 11 décembre 2010.

4 Discours prononcé le 10 décembre 2010 à Lyon dans le cadre de la campagne interne pour la présidence du FN.

5 Marine Le Pen lors de « L'Émission politique » sur la chaine *France 2*, le 9 février 2017.

piratés » (« laïcité », « République ») (Alduy, 2015, p. 267)[6] afin de mieux imposer leurs problématiques dans les débats politiques. Cette réorientation sémantique permet à ce Front national nouvelle génération de perpétuer un des fondamentaux idéologiques du nationalisme français, l'opposition à l'immigration arabo-musulmane, en le croisant avec des thématiques progressistes telles que le droit des femmes, de certaines minorités (tels les juifs ou les personnes homosexuelles), le principe de sécularisation ou encore la liberté de culte, afin de les rendre audibles auprès de certains segments de l'électorat qui hésitaient encore jusque-là à voter pour le parti dirigé pendant près de quatre décennies par Jean-Marie Le Pen. C'est ce paradoxe que nous souhaitons analyser dans ce chapitre en nous focalisant sur l'usage de la laïcité par le RN. Il s'agit plus précisément d'explorer comment un des fondements princeps du républicanisme français à vocation universaliste a permis à une idéologie nationaliste, anti-égalitariste, de se renouveler en l'espace d'une décennie avec, à la clé, des dividendes électoraux encore jamais atteints par un parti d'extrême droite, Marine Le Pen étant parvenue à rassembler sur son nom plus de 10 millions d'électeurs (33,9 %) au second tour de l'élection présidentielle de 2017. Après avoir présenté la genèse et le développement du principe laïque au sein du Rassemblement national de Marine Le Pen, puis les emprunts intellectuels par lesquels celui-ci s'est progressivement imposé comme valeur centrale, nous analyserons la fonction symbolique de la religion au sein du RN depuis son émergence électorale. Nous conclurons en montrant par quelle logique cette thématique permet au RN de perpétuer certains fondamentaux nationalistes de l'extrême droite française.

L'ÉMERGENCE DE LA LAÏCITÉ AU FRONT NATIONAL

Entrée en politique à la fin des années 1990 dans le contexte de l'affrontement entre son père et Bruno Mégret pour le contrôle du parti nationaliste, Marine Le Pen commence à définir sa propre stratégie juste après les élections présidentielles de 2002 qui ont vu son père accéder au

6 Voir également Alduy et Wahnich (2015).

second tour. Étonnamment, cette élection constitue pour elle, ainsi que pour son entourage, un cinglant échec et non une victoire fondatrice. De cet épisode, elle retient avant tout l'extraordinaire mobilisation populaire qui s'est manifestée pendant l'entre-deux-tours pour dénoncer la présence du leader d'extrême droite à ce stade du principal scrutin électoral français. Décidée à établir un diagnostic de cet échec (Le Pen réussira à rassembler à peine 20 % des voix au second tour face à Jacques Chirac réélu haut la main), elle constitue une équipe composée de proches, baptisée Générations Le Pen, dont le but consiste à réfléchir aux causes du rejet des idées frontistes dans l'opinion et à la manière d'y remédier (Crépon, 2012, p. 65-72).

Analysant les données de la sociologie électorale, notamment les enquêtes du CEVIPOF, son équipe réalise qu'une part non négligeable des électeurs frontistes (entre 40 % et 60 % selon les élections), ne veut pas que son père accède à la fonction suprême, considérant qu'il n'en a pas les compétences et qu'il représente de surcroît un danger pour la démocratie (Perrineau, 2003, p. 212-213). Marine Le Pen et son équipe visent alors un triple objectif : tout d'abord, montrer que le FN est un parti compétent, possédant des cadres en mesure d'exercer le pouvoir ; ensuite, se réapproprier les thématiques républicaines afin de montrer le parti nationaliste sous un jour respectable et rassurer ceux qui hésitent encore à voter pour lui ; enfin, continuer de porter un discours radical qui lui permette de se démarquer du reste de l'offre dans le champ politique. Si ce triple impératif a structuré toute l'histoire du FN depuis sa création (Dézé, 2012), il prend une nouvelle ampleur avec l'émergence de la fille Le Pen au sein du parti frontiste. Marine Le Pen se fait désormais la défenseure acharnée de thématiques sociétales « progressistes » avec une intensité encore jamais affichée par le parti de son père : défense du droit des femmes, des personnes homosexuelles, de la laïcité républicaine, meilleurs moyens selon elle de s'opposer au « communautarisme », et plus précisément à l'islamisme politique qui ferait peser un danger sur la cohésion nationale. C'est dans cette perspective qu'elle affirme vouloir faire inscrire dans la Constitution que « la République ne reconnait aucune communauté », ce qui permettrait, selon elle, de « s'opposer à toutes les revendications communautaristes, y compris dans le secteur privé[7] », en l'occurrence sur les lieux de travail. Il

7 Marine Le Pen, « Je mets à la porte tous les intégrismes étrangers », interview au quotidien *Le Monde*, 21 septembre 2012 (propos recueillis par Luc Bronner, Abel Mestre, Caroline

s'agit à présent d'étendre le principe de neutralité, et donc l'interdiction du port de signes religieux ostensibles, aux usagers des services publics, et non plus seulement aux fonctionnaires, mais également à l'ensemble de l'espace public entendu au sens large du terme, que ce soit dans « les magasins, les transports, la rue[8] ». Marine Le Pen avait tout d'abord indiqué en 2012 que le port de la kippa serait prohibé au même titre que le voile dans l'espace public[9], avant d'indiquer quelques années plus tard en 2017, et non sans contradiction, que les « petites kippas » pourraient être autorisées dans les écoles, tout comme les signes non ostensibles, « étoiles de David, petites croix, main de Fatma[10] ». Car dans le vocable frontiste, laïcité rime quasi exclusivement avec opposition à l'islamisme, voire à l'islam.

C'est également au nom de la laïcité que plusieurs mairies frontistes ont pris la décision de supprimer les repas de substitution dans les cantines scolaires. Julien Sanchez, maire de Beaucaire dans le Gard, est même allé jusqu'à imposer des menus composés exclusivement avec de la viande de porc certains jours de la semaine[11], avec l'argument suivant : « l'école est un sanctuaire, on ne doit pas faire entrer le religieux dans l'espace scolaire. Donc pas de repas de substitution[12] ». Selon l'édile, « l'école de la République ne reconnaît aucun culte [...] il faut pratiquer sa foi dans la sphère privée et ne pas faire entrer la religion dans l'espace public[13] ». Cette volonté de modéliser un espace public qui serait l'inversion symétrique de la sphère privée, et dans lequel la neutralité devrait être unilatéralement respectée, devient le leitmotiv des responsables RN qui en

---

Monnot). Le programme du Front national en vue de la présidentielle de 2017 stipulait de son côté que la « *République ne reconnait aucune communauté* », et indiquait vouloir « *étendre la laïcité à l'ensemble de l'espace public et l'inscrire dans le Code du travail* », *144 engagements présidentiels. Marine 2017*, mesure n° 95, p. 15, https://www.rassemblementnational.fr/pdf/144-engagements.pdf, consulté le 28 décembre 2019.

8 Marine Le Pen lors de « L'Émission politique » sur la chaine *France 2*, le 9 février 2017.

9 Interview au quotidien *Le Monde*, 21 septembre 2012.

10 Marine Le Pen lors de « L'Émission politique » sur la chaine *France 2*, le 9 février 2017. Sur les contradictions et apories de cette position au sujet de la kippa, voir l'analyse de Jean-Yves Camus dans le quotidien *La Croix* : Malo Tresca, « La laïcité à géométrie variable de Marine Le Pen », *La Croix*, 13 février 2017.

11 Guillaume Descours, « Beaucaire : le maire FN supprime les menus sans porc dans les cantines scolaires », *lefigaro.fr*, 9 janvier 2018.

12 Interview de Julien Sanchez sur la chaine *France info*, le 9 janvier 2018.

13 Lucie Alexandre, « Un maire FN impose le porc à la cantine », *La Croix*, 9 janvier 2018.

appellent à la laïcité pour mieux s'opposer à la visibilité de l'islam. C'est dans ce sens que Marine Le Pen déclare : « Nous n'accepterons aucune exigence religieuse dans les menus des écoles. Il n'y aucune raison pour que le religieux entre dans la sphère publique, c'est la loi[14] ».

Cet impératif de neutralité qui en appelle à la loi, en l'occurrence celle de 1905, est toutefois relativisé par les responsables du Rassemblement national lorsqu'il est question du patrimoine religieux national qui doit pouvoir quant à lui être rendu visible. La présence ostensible de crèches de la nativité dans certaines mairies RN est en ce sens emblématique de cette volonté de favoriser la visibilité de la religiosité endogène et, asymétriquement, de vouloir rendre invisibles les spécificités religieuses perçues comme exogènes. La polémique qui a entouré la publication du *vade-mecum* sur la laïcité de l'Association des maires de France (AMF), sous la supervision de François Baroin, est à ce titre édifiante. Souhaitant faire respecter le principe de neutralité dans les édifices publics, l'AMF a déclenché en 2015 l'ire de trois édiles frontistes lors de la publication de son guide de bonne conduite laïque qui excluait la présence de crèches dans les mairies durant la période des fêtes de fin d'année. Après un rappel des principes de l'article 28 de la loi du 9 décembre 1905, le document stipulait que « la présence de crèches de Noël dans l'enceinte des mairies n'est pas, du point de vue de l'AMF, compatible avec la laïcité[15] ». Trois maires frontistes ont aussitôt annoncé dans un communiqué de presse qu'ils quittaient l'Association des maires de France[16], dénonçant une vision de la laïcité qui ne respecterait pas l'histoire, les traditions et la culture françaises, indissociables, selon eux, de la religion chrétienne :

> Les élus du Front national défendent avec fermeté le principe de laïcité, mais n'ignorent pas l'histoire. Il est incontestable que le christianisme est une expression de la culture française. Que dire de Noël, de Pâques, du lundi de Pentecôte et du Jeudi de l'Ascension qui sont des jours fériés et dont l'origine est indiscutablement liée à notre histoire chrétienne ? C'est dans cet esprit que, Marc-Étienne Lansade, David Rachline et Patricia Zirilli, protestent contre l'abandon de toutes nos traditions et la coupure avec nos racines culturelles et

14 Interview sur la radio *RTL*, le 4 avril 2014.

15 « Laïcité. Le vade-mecum de l'AMF », *Maires de France*, numéro hors-série, novembre 2015, p. 16. L'association « relève toutefois que la jurisprudence administrative est, encore à ce jour, discordante sur ce sujet » ; *Ibid.*

16 Marc-Étienne Lansade, maire de Cogolin ; David Rachline, maire de Fréjus ; Patricia Zirilli, maire du Luc-en-Provence.

> ne souhaitent plus faire partie d'une association qui, sous prétexte de respecter la laïcité, bafoue la culture et les traditions de notre pays[17].

Pour ces édiles du Rassemblement national, la mise en avant de la tradition chrétienne doit prévaloir sur le principe de laïcité. Le principe de neutralité n'est donc invoqué que s'il est question de la visibilité du culte musulman.

La question de la construction de mosquées constitue une autre source de mobilisation inépuisable pour les élus et dirigeants du Rassemblement national. La procédure des baux emphytéotiques, par lesquels certaines municipalités cèdent des terrains à des associations musulmanes en vue de la construction de lieux de culte, n'a de cesse d'être dénoncée par les responsables RN comme étant « en contravention avec la loi de 1905 », comme l'assénait Marine Le Pen en 2012[18]. La leader du parti nationaliste contestait déjà, avant de devenir présidente du FN en 2011, l'assertion selon laquelle il « n'y aurait pas suffisamment de mosquées en France » et enjoignait les musulmans à financer eux-mêmes leurs lieux de cultes sans subsides indirects des collectivités (via les baux emphytéotiques) ni « d'États étrangers qui refusent sur leur sol la construction d'églises[19] ». Les stratégies pour dénoncer les constructions de lieux de cultes musulmans se sont diversifiées ces dernières années, avec une profusion de communiqués de presse sur le site du Rassemblement national[20], des manifestations sur les chantiers en cours, voire devant les mairies qui avaient accordé les fameux baux emphytéotiques[21], ou encore par des recours en justice. Plusieurs maires RN ont ainsi pu obtenir une forte visibilité médiatique en usant de tous les recours juridiques et administratifs possibles pour tenter de faire annuler la

17 Communiqué de presse publié sur le site Internet de David Rachline, maire de Fréjus, le 25 novembre 2015.

18 Interview au quotidien *Le Monde*, 21 septembre 2012.

19 Interview au quotidien *La Croix*, 14 février 2011 (propos recueillis par Laurent de Boissieu et Marine Lamoureux).

20 Par exemple celui de Marie-Christine Arnautu à Nice : « Grande mosquée de Nice Ouest : l'irresponsabilité du préfet et la responsabilité de Christian Estrosi », https://www.rassemblementnational.fr/terme/grande-mosquee/?wpmp_switcher=desktop, consulté le 28 décembre 2019.

21 Franck de Brito, « Le FN a la haine de la nouvelle mosquée. Les militants du Front national s'opposent à l'ouverture de la nouvelle mosquée au mail des Charmilles à Troyes », *lesteclair.fr*, 11 octobre 2017, http://www.lest-eclair.fr/42907/article/2017-10-11/le-fn-la-haine-de-la-nouvelle-mosquee.

construction de mosquées, voire pour faire détruire celles qui avaient été édifiées sous des mandatures précédentes, comme ce fut le cas à Fréjus avec David Rachline[22].

LAÏCITÉ IDENTITAIRE ET ENJEUX SOCIÉTAUX

C'est sensiblement la même logique identitaire qui structure les discours des leaders RN lorsqu'ils conjuguent les problématiques liées à la laïcité avec des enjeux sociétaux comme les droits des femmes, des personnes homosexuelles ou encore la mixité entre les sexes. Concernant ce dernier point, le Rassemblement national (de même que plusieurs responsables Les Républicains) a dénoncé à de multiples reprises que des créneaux horaires aient pu être réservés aux femmes dans certaines piscines municipales, afin de satisfaire une demande « communautariste » émanant, selon eux, d'électeurs musulmans[23]. Si certaines mairies ont pu, par le passé, réserver des horaires spécifiques aux femmes dans les piscines dont elles avaient la gestion, ce qui aurait pu constituer une entorse au principe de laïcité dès lors que la décision visait à satisfaire une revendication de nature religieuse (ce qui n'a jamais été bien établi), le principe de non-mixité n'a plus cours aujourd'hui, que ce soit dans les structures municipales ou tout autre lieu public tels les hôpitaux[24]. Marion Maréchal avait fait part de son émotion en 2012 après qu'un inspecteur des écoles lui eut affirmé « qu'il était face à un phénomène de jeunes filles, autour de dix ans, qui n'allaient plus à la piscine, parce que les parents ne voulaient plus qu'elles y aillent, parce que c'était mixte, parce qu'il y avait des garçons[25] ». La nièce de Marine Le Pen réclamait plus de fermeté à l'égard des parents, fautifs à ses yeux de bénéficier de la gratuité de l'enseignement public sans vouloir en respecter les

22 « La mosquée de Fréjus échappe de nouveau à la démolition », *lemonde.fr*, 21 mars 2017.

23 Aude Lasjaunias, « Les horaires de piscine réservés aux femmes continuent de faire polémique », *lemonde.fr*, 12 avril 2012.

24 *Ibid.*

25 Marion Maréchal lors de l'émission « Bourdin Direct » sur *BFM-TV* le 3 février 2012, https://www.bfmtv.com/mediaplayer/video/bourdin-direct-marion-maracchal-le-pen-0302-402293.html ; à partir de la minute 18 :40.

« valeurs fondamentales », autrement dit la mixité entre les sexes. La future députée plaidait donc pour « des injonctions très fortes », pouvant aller jusqu'à « une suspension de la prime d'allocation qui correspond à cet enfant ». Et de conclure en s'adressant aux parents en question : « Si vous ne leur transmettez pas [à vos enfants] les valeurs de base de la République française et de l'école de la République, eh bien on va vous faire comprendre que tout n'est pas permis dans ce pays[26] ».

En ce qui concerne la question des mœurs, sur laquelle son positionnement est très conservateur, Marion Maréchal s'est ostensiblement affichée dans les manifestations contre le mariage pour tous en 2013, au contraire de sa tante qui a refusé de s'y rendre tout en se déclarant très fermement opposée à l'union de couples de même sexe. Si les deux femmes sont connues pour avoir des divergences de vue sur les questions sociétales[27], par exemple sur l'avortement dont Marion Maréchal souhaite remettre en question le remboursement, au contraire de sa tante[28], elles se rejoignent pour s'opposer au mariage pour tous. Lors d'une conférence de presse commune avec la *Lega nord* (Ligue du nord italienne, devenue depuis peu la *Lega* avec à sa tête Matteo Salvini) le 16 mars 2016, Marion Maréchal a ainsi fustigé le « mariage homosexuel » qui, selon elle, « risque d'aboutir à de très nombreuses dérives », en ce sens que « d'autres minorités chercheront à faire reconnaitre leur forme d'amour », en précisant : « Je pense notamment à la polygamie[29] ». Elle reprenait presque mot pour mot un argumentaire tenu par sa tante cinq ans plus tôt lors d'une interview radiophonique :

> Nous sommes les enfants d'une civilisation qui a fondé les règles de notre société. Les règles de notre société c'est qu'un mariage s'effectue entre un homme et une femme. Je ne pense pas qu'il soit positif de changer cette règle. Parce qu'alors si l'on part de ce principe, on peut à la limite aller très

26 *Ibid.*

27 Abel Mestre, « IVG, ce que disait (vraiment) Marine Le Pen en 2012 », *droites-extrêmes.blog.lemonde.fr*, 14 décembre 2016, http://droites-extremes.blog.lemonde.fr/2016/12/14/ivg-ce-que-disait-vraiment-marine-le-pen-en-2012/.

28 Sylvain Chazot, « Marine Le Pen explique que sa position sur l'IVG en 2012 était une "concession"faite à la frange dure du FN », *lelab.europe1.fr*, 11 décembre 2016, https://lelab.europe1.fr/marine-le-pen-explique-que-sa-position-sur-livg-en-2012-etait-une-concession-faite-a-la-frange-dure-du-fn-2924195.

29 Olivier Faye, « Pour Marion Maréchal-Le Pen, le mariage homosexuel "ouvre la voie à la polygamie" », *lemonde.fr*, 17 mars 2016.

> loin dans la modification de notre civilisation. On peut aussi, après tout, décider… pourquoi n'a-t-on le droit de se marier avec qu'un [seul] homme ? Pourquoi pas avec plusieurs ? Pourquoi pas l'autorisation de la polygamie ! Il existe aussi, cher Monsieur, des familles polygames. Pourquoi est-ce que demain un certain nombre de groupes politico-religieux ne demanderaient pas que la polygamie, sous prétexte de l'égalité des droits, ne soit inscrite dans le Code civil français[30].

Assimiler le mariage pour tous à la polygamie est hautement significatif en ce sens qu'il est associé à une forme de revendication communautariste menaçant la cohésion sociale et étrangère à la tradition occidentale chrétienne. C'est donc avant tout sur la base de ce référent traditionaliste à consonance culturaliste (comme l'exprime le terme « civilisation » dans le discours mentionné plus haut) que doit s'établir l'union entre conjoints et non sur le principe de l'égalité juridique des citoyens envisagés en deçà de leur orientation sexuelle. Cette conception prolonge ici les formes anciennes du nationalisme maurrassien qui rejetait l'égalitarisme des Lumières jugé étranger aux formes traditionnelles de l'héritage religieux catholique, héritage défini comme un des piliers de l'identité française[31]. L'homosexualité n'est donc tolérée que dans la mesure où elle se cantonne aux marges de la société.

De telles déclarations contredisent les positions libérales affichées par ailleurs, mais n'en gardent pas moins une cohérence stratégique, puisque cela permet de contenter les différents segments de l'électorat RN nouvelle génération, c'est-à-dire d'un côté une partie de la droite conservatrice qui le soutient depuis son ascension électorale dans les années 1980, et de l'autre les femmes, voire les gays et lesbiennes, qui soutiennent désormais le FN depuis 2012 dans les mêmes proportions que le reste de la population, voire davantage en ce qui concerne les femmes lors de la dernière élection présidentielle[32]. Le positionnement sur les questions sociétales est d'autant plus sensible que les électeurs catholiques pratiquants se sont longtemps moins mobilisés en faveur du Front national que le reste de l'électorat, même si l'on a pu constater

30 Interview de Marine Le Pen par Patrick Cohen et Thomas Legrand lors de l'émission « Le 7/9 » sur *France inter* le 14 juin 2011.

31 Voir sur ce point Crépon (2015), p. 185-205.

32 Sur le vote féminin pour le RN, voir Nonna Mayer, (2015), p. 315 et *sq.* ; Amengay, Durovic et Mayer (2017), p. 1067-1087. – Sur les homosexuels, voir Krauss (2012).

une percée en 2012[33], ou lors de la dernière présidentielle en 2017[34]. Au moment de la loi sur le mariage pour tous, les sympathisants frontistes se déclaraient proches du mouvement anti-mariage pour tous dans les mêmes proportions que les sympathisants de la droite de gouvernement[35], pour des raisons tenant d'ailleurs moins à la religion, les catholiques pratiquants soutenant davantage l'UMP à l'époque. Voilà pourquoi le FN doit adapter ses prises de position à des segments aussi divers de son électorat : catholiques, femmes (deux électorats plus nombreux à voter pour lui aux dernières présidentielles), athées et agnostiques, voire personnes homosexuelles.

En dépit de ce progressisme sociétal affiché, nombre de responsables et militants RN, y compris sous la présidence de Marine Le Pen, s'appliquent régulièrement à fustiger les mouvements féministes dont ils raillent le combat pour l'avancée des droits des femmes, qu'ils jugent ringards, obsolètes (Crépon, 2015, p. 195). Tout comme la sécularisation, l'égalité entre les sexes constituerait selon eux une émanation quasi « naturelle » de la culture chrétienne qui en contiendrait les germes et serait en ce sens intrinsèquement progressiste. Cela revient tout d'abord à faire fi du combat politique des féministes contre les forces conservatrices, notamment religieuses, pour l'égalité entre les sexes et, ensuite, à dénier aux populations issues de cultures non-chrétiennes, donc musulmanes pour l'essentiel, toute capacité progressiste sur ces questions sociétales. Si les mouvements nationaux-catholiques rejetaient le libéralisme en matière de mœurs, qui constituait à leurs sens une menace pour l'ordre traditionnel, les nouvelles générations font le raisonnement inverse en faisant dudit libéralisme un héritage de la culture chrétienne dont les valeurs, une fois sécularisées, auraient abouti au progressisme sociétal (*Ibid.*, p. 196).

33 En 2012, 13 % des catholiques pratiquants réguliers, 18,5 % des pratiquants irréguliers et 20 % des catholiques non pratiquants (sources : Enquêtes du CEVIPOF : postélectorales 2012 du CEE-TNS Sofres, citées par Mayer (2015), p. 309).

34 En 2017, 29 % des catholiques pratiquants réguliers, 46 % des catholiques pratiquants occasionnels et 39 % des catholiques non pratiquants – total ensemble des catholiques : 38 % (sources : Fourquet (2017).

35 47 % des sympathisants du Front national se déclaraient proches du mouvement en octobre 2014, contre 45 % des sympathisants de l'UMP (sources : sondage IFOP pour la revue *Atlantico.fr* : http://www.atlantico.fr/decryptage/defi-manif-pour-tous-31-francais-et-45-sympathisants-droite-se-sentent-proches-valeurs-sondage-exclusif-ifop-atlantico-jean-1791001.html, consulté le 28 décembre 2019).

LA SÉCULARISATION SELON LE RASSEMBLEMENT NATIONAL

Cette vision d'une laïcité qui permettrait, voire favoriserait, l'expression de la religion chrétienne tout en neutralisant la religion musulmane est le fruit d'un travail intellectuel entrepris par la mouvance de l'extrême droite depuis le milieu des années 2000. Dans son autobiographie publiée en 2006, Marine Le Pen s'appuyait sur des travaux tant historiques que philosophiques pour affirmer que la modernité politique constituait une forme sécularisée du monothéisme chrétien, « nos valeurs républicaines étant issues, selon elle, de notre culture chrétienne » (Le Pen, 2006, p. 78-79)[36]. Selon cette logique essentialisante de la culture, la laïcité ne pouvait émerger que dans le cadre de la civilisation chrétienne, seul le christianisme établissant la distinction entre le monde des hommes et de celui de Dieu (selon la théorie des deux glaives), prélude au processus de la sécularisation[37]. Or, selon les leaders RN contemporains, l'islam n'établissant pas cette distinction, il ne serait pas en mesure de s'acclimater à des sociétés dans lesquelles le politique se serait autonomisé vis-à-vis de la religion, ce qui n'est pas sans contredire la volonté d'assimilation mise par ailleurs en avant. Outre que ce type de raisonnement, dont il faut préciser que l'on ne le retrouve pas qu'au RN, fait fi des débats internes à l'islam sur les enjeux de la sécularisation (Roy, 2005, p. 80 et *sq.*), il occulte la dimension historique de la laïcité qui s'est construite, du moins en France, contre l'Église catholique et ne saurait par conséquent en constituer le prolongement politique (*Ibid.*, p. 39-43). Selon cette logique identitaire de la religion, il s'agit de déshistoriciser la laïcité, en évacuant le fait qu'elle constitue une étape fondatrice du processus de rupture avec le principe de l'hétéronomie, pour en faire un outil institutionnel visant à la préservation, voire la mise en exergue d'un patrimoine religieux spécifique « endogène », le christianisme, face aux « attaques » des religions « exogènes ».

36 Pour une analyse de cette problématique, voir Crépon, (2012) p. 209 et *sq.*

37 Louis Aliot, récent député RN, déclarait ainsi en 2011 en se référant à la fameuse théorie des deux glaives que « la laïcité de toute façon c'est ça hein : tu rendras à Dieu ce qui est à Dieu et à César ce qui est à César. [...] La laïcité c'est un concept qui, à l'origine, est un concept euh... oui, à mon avis, judéo-chrétien » (entretien réalisé le 31 mai 2011).

Ce référentiel à la fois laïque et républicain, qui s'appuie de surcroît sur des thématiques sociétales telles les droits des femmes ou des personnes homosexuelles, permet au FN de perpétuer adroitement ses fondamentaux nationalistes radicaux à travers une sémantique dénuée de toute référence directement raciale ou ethnique et ainsi devenir audible au-delà de la mouvance de l'extrême droite. Alors que le modèle républicain se veut, du moins théoriquement, aveugle à la race[38], Jean-Marie Le Pen s'ingéniait auparavant à imaginer des provocations s'appuyant sur une sémantique ethno-raciale empruntée à des mouvements qui avaient ouvertement remis en cause, par le passé, les valeurs de la République à l'occasion d'événements historiques emblématiques tels l'Affaire Dreyfus, la collaboration ou encore la guerre d'Algérie. Nombre de ses discours étaient ainsi remplis de références tant barrésiennes que maurrassiennes, avec l'usage d'un antisémitisme quasi explicite, par exemple en dénonçant un « complot juif[39] » ; en colportant les stéréotypes de la caricature antisémite que l'on croyait bannie à jamais des discours politiques[40] ; en louant les écrits d'intellectuels collaborationnistes ouvertement antisémites tel Robert Brasillach[41] ; ou encore en affirmant qu'il croyait à « l'inégalité des races[42] ». Outre les procès et condamnations que lui ont valu ses déclarations, cela l'a conduit à une brouille avec sa propre fille devenue présidente du FN qui, lassée de ces saillies qui nuisaient à sa stratégie de « dédiabolisation », a fini par se résoudre à le démettre de ses fonctions au sein du parti.

Ce référentiel républicain a par ailleurs permis au FN d'emboiter le pas aux mouvements populistes d'Europe de l'Ouest, qui, à partir des années 2000, ont commencé à s'opposer à l'immigration arabo-musulmane à partir d'un référentiel « progressiste » emprunté à la gauche (Betz,

38 De nombreux travaux ont montré depuis deux décennies que le modèle républicain n'en a pas moins charrié, officieusement ou même de manière tout à fait officielle, des catégories ethniques. Voir sur ce point : De Rudder, Poiret et Vourc'h, (2000), p. 13 ; Reynaud Paligot, (2006), p. 89 et *sq.*

39 François Devinat, Jean-Michel Thenard, « Le Pen : "Chirac est aux mains du complot juif" », *Libération*, 1er mars 1997.

40 Lors du congrès de Tours qui a vu sa fille lui succéder, Jean-Marie Le Pen, en guise de réponse à un journaliste qui avait déclaré y avoir subi des insultes antisémites, a déclaré aux journalistes que le fait qu'il soit juif « ne se voyait ni sur sa carte de presse, ni sur son nez ».

41 Discours de Jean-Marie Le Pen lors de la convention présidentielle du FN à Lille, le samedi 18 février 2012.

42 Discours de Jean-Marie Le Pen à l'université d'été du FN le 30 août 1996.

2004, p. 154.). Ce processus de « banalisation » des droites populistes européennes, pour reprendre l'expression de Nicolas Guillet et Nada Afiouni (2016), implique une euphémisation des discours dans le but d'en atténuer les aspects les plus xénophobes et ainsi pouvoir être davantage audible dans le champ politique afin d'en récolter des dividendes électoraux. Comme le résume Nonna Mayer, l'opposition de principe à l'islam et la peur suscitée par la mondialisation ont reconfiguré les discours xénophobes en Europe de l'Ouest autour de la sauvegarde des valeurs démocratiques avec la mise en avant de thématiques nouvelles telles que la défense du principe de laïcité, des femmes, des personnes homosexuelles, voire de certaines minorités tels les juifs (Mayer, 2016, p. 170-172.). Cette évolution peut paraitre d'autant plus surprenante, qu'en France, la conception maurrassienne de la nation, dont le Front national de Jean-Marie Le Pen s'est en partie inspiré, a fait du catholicisme une référence identitaire de premier plan au point que, selon Charles Maurras, il était impensable d'être français sans être catholique, ce qui excluait par voie de conséquence les juifs, les protestants et les francs-maçons. Or, à y regarder de plus près, cette conception religieuse du nationalisme français maurassien n'est pas si éloignée de la logique identitaire du Rassemblement national de Marine Le Pen. Certes, les fondements idéologiques ne sont plus les mêmes, Maurras n'ayant de cesse en son temps de vilipender la République et son corolaire, la laïcité, tandis que le Rassemblement national se veut le défenseur de cette même République. Pourtant, une même logique xénophobe relie les deux discours en ce sens que ceux qui ne partagent pas l'héritage chrétien (voire judéo-chrétien pour ce qui concerne Marine Le Pen, ce qui montre une indéniable recomposition de la filiation identitaire de la part du RN mariniste), sont jugés incompatibles avec les valeurs que le parti véhicule, traditionalistes pour l'un, modernes pour l'autre.

LE RASSEMBLEMENT NATIONAL ET LA RELIGION

Ces liens entre religion et nationalisme ont donc une histoire. Ils renvoient aux racines idéologiques barrésiennes et maurrassiennes du nationalisme français qui s'est construit au début du XXe siècle, à la suite de l'affaire Dreyfus, contre l'essor du parlementarisme républicain et sa culture égalitariste jugée contraire à l'ordre de la loi naturelle associé à la monarchie et à l'Église. La France, fille ainée de l'Église depuis le baptême de Clovis, était perçue comme indissociable du catholicisme. Ce nationalisme à consonance religieuse aboutit à des expressions racistes et xénophobes singulières avec le rejet par Maurras des « quatre états confédérés » qu'étaient pour lui les juifs et les protestants, qui avaient le tort de ne pas reconnaitre le dogme catholique, les francs-maçons, qui rejetaient la tutelle de l'Église sur le politique, et les « métèques » qui n'étaient pas rattachés à la terre des ancêtres[43]. L'appartenance à la religion catholique était une condition nécessaire, sans être suffisante, pour être français, nombre de « métèques » étant, à l'époque, catholiques sans pour autant que les nationalistes de l'Action française envisagent la possibilité de leur accorder la nationalité.

En évoquant des thématiques jusque-là ignorées, voire dénigrées par l'extrême droite (droit des femmes, des personnes homosexuelles, des juifs, principe de sécularisation), le Rassemblement national de Marine Le Pen est parvenu à obtenir un certain écho médiatique en se faisant le défenseur de minorités ou de valeurs auxquelles il s'opposait jusque-là. À propos de la religion, Jean-Marie Le Pen s'inscrivait pleinement dans la tradition idéologique de la mouvance nationaliste en affichant un conservatisme moral assez strict et en usant fréquemment de références religieuses dans ses discours, bien qu'il ne soit pas lui-même très porté sur la religion. Sur le plan militant, il avait noué une alliance avec les réseaux catholiques traditionalistes, notamment le

43 Il s'agit de la fameuse doctrine maurrassienne des « quatre états confédérés » selon laquelle les protestants, les francs-maçons, les juifs et les « métèques », en contribuant à répandre la doctrine révolutionnaire, auraient sapé les institutions de l'Ancien régime, à commencer par l'Église. Voir sur ce point Winock (1993), p. 193 et *sq.*

mouvement Chrétienté-Solidarité dirigé par Bernard Antony qu'il avait fini par accueillir au sein de son parti au tout début des années 1980. Bernard Antony apporta au FN des troupes et un savoir-faire organisationnel non négligeable, mais aussi un relais médiatique avec le journal *Présent* (lancé à la même époque et rapidement édité à plusieurs milliers d'exemplaires) qui se mit à diffuser abondamment dans ses pages les idées frontistes (Camus, 1997, p. 231 et *sq.*)[44]. Cette collaboration eut pour conséquence que soient relayées en retour les idées conservatrices du mouvement intégriste au sein du parti lepéniste, notamment en matière de mœurs, avec la dénonciation de l'avortement, que Bruno Gollnisch qualifiait régulièrement de « culture de mort », de la permissivité sexuelle (souvent associée à l'homosexualité), ainsi que la mise en avant des liens indissolubles entre la France et l'Église catholique. Ces thématiques étaient notamment mises en avant lors des célébrations annuelles de Jeanne d'Arc, chaque 1er mai à partir de 1988. L'association explicite entre la Guerre de cent ans et le processus de l'immigration contemporaine y exprimaient un imaginaire politique dans lequel le spirituel et le national étaient pensés comme indissolublement liés dans leur combat contre l'envahisseur.

La référence au catholicisme nourrissait par ailleurs la thématique de la décadence, omniprésente dans l'idéologie nationaliste du début du XXe siècle : l'éloignement des fondements traditionnels religieux menait inexorablement la civilisation française à sa perte (Chebel d'Appollonia, 1988, p. 33)[45]. C'est pour ces raisons que les nationalistes s'opposaient à la vision universaliste du principe de l'appartenance nationale, à la démocratie libérale ainsi qu'au processus de la sécularisation qui s'est traduit historiquement en France par les lois relatives à la laïcité (1880-1905)[46].

44 Bernard Antony, leader emblématique de Chrétienté-Solidarité, a quitté le FN en 2010 au moment où se dessinait la succession de Jean-Marie Le Pen en faveur de sa fille Marine.

45 Comme le résume l'historienne Ariane Chebel d'Appollonia, selon cette vision nationaliste inspirée des doctrines contrerévolutionnaires de Joseph de Maistre et Louis de Bonald, « les facteurs de désordre sont la transgression des principes divins, la négation illégitime de la diversité et des inégalités au nom d'une prétendue raison universelle qui viendrait remplacer les dogmes intangibles hérités du passé ».

46 Charles Maurras avait de ce point de vue des assertions péjoratives édifiantes sur l'école laïque qui avait selon lui « substitué à la morale catholique ce stoïcisme germanique de Rousseau et de Kant, qu'il est bien permis d'appeler le dégoût solide et durable de toute raison, l'écœurement fondamental de toute intelligence claire et de tout esprit bien constitué, le haut-le-cœur essentiel du simple bon sens ». Voir Maurras (1928).

Il faut toutefois préciser que tant Barrès que Maurras ne se distinguaient pas par leur culture théologique, ni par leur assiduité à la messe. Maurras lui-même, si prompt à louer les liens indissolubles entre l'Église et la nation, restait un agnostique assumé et, à ce titre, refusait d'intervenir dans le domaine de la religion, bien que cela ne l'empêchât pas de commenter l'actualité religieuse (Prévotat, 1996, p. 361). Sa conception de la religion restait pour l'essentiel identitaire en ce sens qu'elle constituait pour lui l'un des principaux référents civilisationnels de la nation, ce qui revenait à la vider de ses fondements universalistes. C'est sensiblement la même logique identitaire qui structure aujourd'hui le discours des responsables du RN sur la religion : celle-ci constitue d'abord un patrimoine à préserver des risques d'altération venant de l'islam ou de l'idéologie communautariste, ce qui est, selon eux, sensiblement la même chose, comme évoqué plus haut. La différence entre les deux nationalismes, que près de quatre-vingts années séparent, porte sur la position affichée vis-à-vis des valeurs républicaines. Alors que le nationalisme maurrassien n'avait pas de mots assez durs pour fustiger les conceptions républicaines universalistes, qu'il qualifiait d'idéologies de rupture avec l'ordre ancien, seul légitime à ses yeux, le nationalisme du Rassemblement national s'approprie désormais ces conceptions, notamment la laïcité, mais avec un objectif sensiblement identique à celui de Maurras : faire du patrimoine religieux, qu'il soit sécularisé ou non, une frontière symbolique infranchissable, aboutissant par contrecoup à une même logique xénophobe. La volonté de pouvoir exposer des crèches de la nativité dans les mairies frontistes tout en neutralisant toute visibilité de la religion musulmane est à ce titre édifiante. La neutralité, attribut clé de la laïcité censée ne reconnaitre aucune religion afin de les mettre toutes sur un pied d'égalité, ne concerne dès lors que l'islam, ce qui la vide dans le même temps de ses fondements universalistes, c'est-à-dire ce à partir de quoi elle a été conceptualisée. Si on ne saurait pour autant prêter au RN la volonté de renverser les institutions républicaines, cela n'enlève rien au caractère nationaliste de son idéologie qui s'assigne avant toute chose un objectif de préservation de l'identité française traditionnelle.

Cette appropriation des valeurs républicaines par le Rassemblement national n'est peut-être pas étrangère au fait que la sociologie de l'électorat nationaliste, notamment rapporté à la variable religieuse, a sensiblement évolué depuis la Seconde Guerre mondiale. Dans les années 1990, Jean

Ranger avait déjà remarqué que les sympathisants frontistes étaient loin d'être acquis au catholicisme, ceux-ci se déclarant non croyants, voire sans religion dans les mêmes proportions que l'électorat socialiste (porteur des valeurs laïques) et que par ailleurs les croyants du parti lepéniste n'étaient pas beaucoup plus attachés à la pratique religieuse régulière que ceux des autres partis (Ranger, 1996, p. 139). Il est aussi emblématique que le Rassemblement national a longtemps peiné à s'implanter électoralement dans les zones où demeure une proportion importante d'électeurs catholiques, notamment dans l'Ouest de la France (Perrineau, 1997, p. 111 et *sq.*). Pour autant, on remarque que les catholiques votent pour le RN dans des proportions sensiblement supérieures à la moyenne nationale depuis les années 2000, même si le vote a tendance à diminuer à mesure que la pratique religieuse devient plus régulière[47]. Le géographe Joël Gombin avance que les zones catholiques où le RN peine à se développer électoralement sont celles où est implantée depuis longtemps « une droite chrétienne-démocrate, puis gaulliste » qui a pu résister efficacement à la progression du FN puis du RN en s'appuyant sur des valeurs universalistes, tant politiques que religieuses, au contraire des zones où domine une « droite non gaulliste » qui s'est historiquement appuyée sur « le ressentiment à l'égard du règlement de la guerre d'Algérie », soit une problématique identitaire rendant l'électorat potentiellement perméable au discours islamophobe du RN (Gombin, 2015, p. 408-409).

47 À titre d'exemple, au premier tour de l'élection présidentielle de 2012, 18,5 % de l'ensemble de l'électorat a voté Marine Le Pen au premier tour contre 20 % pour l'ensemble des catholiques, 19 % pour les catholiques non pratiquants, 21 % pour les pratiquants occasionnels et 15 % pour les pratiquants réguliers (source : « Vote au premier tour de l'élection présidentielle de 2012 selon l'appartenance et la pratique religieuses », Harris interactive pour le magazine *La Vie*, 22 avril 2012, http://harris-interactive.fr/wp-content/uploads/sites/6/2015/09/Results_HIFR_LaVie_23042012.pdf).

CONCLUSION
Un différentialisme laïque

Le Rassemblement national de Marine Le Pen tente une forme de synthèse entre deux principes pour le moins inconciliables : la laïcité d'un côté et la préservation de l'identité française chrétienne de l'autre. L'opération consiste, d'un point de vue intellectuel, à déclarer que les valeurs laïques et républicaines seraient une forme sécularisée de la tradition chrétienne, toute religion étrangère à cette tradition étant déclarée incapable de s'acculturer aux sociétés européennes. On voit se dessiner une synthèse pour le moins originale entre trois éléments idéologiques distincts : 1/ le nationalisme maurrassien, évoqué plus haut ; 2/ « l'hédonisme sécuritaire », qui traduit, selon Gaël Brustier (2013), l'opposition à l'islam au nom de la défense des valeurs libérales, qui a été lancé par des mouvements néo-populistes européens tels le PVV de Geert Wilders aux Pays-Bas, ou l'UDC d'Oskar Freysinger en Suisse, et dont le RN s'est largement inspiré, tant pour l'argumentaire que pour l'iconographie[48] ; 3/ le différentialisme culturel enfin, théorisé par le courant dit de la Nouvelle droite, et plus précisément par le GRECE (Groupe de recherche et d'étude pour la civilisation européenne). Ce « club de pensée », comme il s'autodéfinit, s'est évertué dans le courant des années 1970-1980 à redynamiser l'antiégalitarisme de l'extrême droite à partir de travaux des sciences sociales (Taguieff, 1994, p. 19-26). Sur le plan identitaire, on observe dans les écrits d'Alain de Benoist, principal intellectuel de la mouvance, une disparition progressive du concept biologique de race, remplacé par le concept anthropologique de culture, et un remplacement du principe de hiérarchie entre les groupes sociaux par celui de la préservation de leurs différences culturelles, ce qui revient à prôner une étanchéité stricte entre les cultures (Crépon, 2008, p. 159-189). À partir des années 1980, plusieurs membres du Club de l'Horloge, un groupe issu du GRECE et chargé de faire de

48 C'est le cas de la fameuse affiche du Front national de la jeunesse de 2010 montrant une femme intégralement voilée devant une carte de France couverte d'un drapeau algérien de laquelle émerge des minarets en forme de missiles et qui s'avérait être un quasi calque d'une affiche de l'Union démocratique du centre suisse.

l'entrisme dans les partis de droite et d'extrême droite, rejoignent le Front national de Jean-Marie Le Pen au sein duquel ils diffusent ce principe du différentialisme culturel[49]. Les frontistes y trouvent alors un moyen original de s'opposer à l'immigration à travers un argumentaire postulant que les descendants d'immigrés africains ou maghrébins seraient incapables de s'intégrer à la société française en raison d'une incompatibilité culturelle, un argumentaire qui avait l'avantage d'être plus difficilement condamnable, d'un point de vue juridique, que la xénophobie traditionnelle héritée des conceptions racialistes de la Seconde Guerre mondiale ou néocoloniales de la Guerre d'Algérie.

C'est ainsi que, dans les années 1990, nous avions recueilli, lors d'enquêtes de terrain au sein du Front national de la jeunesse (FNJ), des discours originaux exprimant un certain respect envers les femmes voilées, jugées proches de leur culture d'origine, mais que les jeunes frontistes souhaitaient tout de même renvoyer dans le pays de leurs parents ou grands-parents afin de préserver la pureté de la culture française jugée menacée dans ses fondements traditionnels par cette présence « exogène » (Crépon, 2006, p. 94 et *sq.*). C'est ce qu'illustrait, de façon violente, un autocollant diffusé par le FNJ de l'époque montrant des femmes intégralement voilées assises sur un tapis volant filant à toute allure dans le ciel et dont le slogan, « Mettez les voiles ! », laissait supposer qu'il les renvoyait dans leur pays d'origine. Les valeurs républicaines étaient alors critiquées en ce qu'elles ne respectaient pas les identités traditionnelles envisagées sous une forme holiste et donc censément inaliénables. On notera que c'est au sein du FNJ de cette époque qu'une part très significative de l'entourage de Marine Le Pen a fait ses armes politiques et intégré ce principe du différentialisme culturel qui exprime une phobie du métissage culturel et qui se prolonge aujourd'hui sous une forme recomposée. Bien qu'il se soit approprié les valeurs républicaines et laïques dans ses discours, le RN n'en a pas moins gardé une logique nationaliste et différentialiste avec la volonté de neutraliser toute visibilité de l'islam tout en promouvant celle du christianisme. Désormais, les descendants d'immigrés non européens sont acceptés à la condition qu'ils affichent des signes ostentatoires d'appartenance à la nation française et délaissent tout signe d'appartenance à la culture

49 Parmi eux, on trouve les figures emblématiques de Jean-Yves Le Gallou et de Bruno Mégret.

de leurs aïeux. C'est ce que signifie l'affiche du Front national apparue en 2015 montrant, à gauche, une jeune fille d'origine maghrébine arborant les signes de la parfaite supportrice de l'équipe de France de football (les joues maquillées de traits bleu, blanc, rouge) et, à droite, son alter-égo islamiste en voile intégral ne laissant paraitre que les yeux. L'affiche laissait entendre qu'entre les deux conceptions identitaires ainsi essentialisées, il n'est point de nuancier culturel possible. Le principe de l'assimilation devient, sous cet angle, le prolongement d'une forme de nationalisme différentialiste rejetant la multiplicité des combinaisons culturelles, avec des exigences tellement hautes qu'il devient un objectif quasiment inaccessible et par conséquent excluant.

Sylvain CRÉPON
Université de Tours

L'ÉGLISE, FILLE AÎNÉE DE LA RÉPUBLIQUE ?

Les apologies de la catho-laïcité depuis les attentats de janvier 2015

Le dimanche 17 juin 2018, la commune beauceronne de Patay (Loiret) honore Jeanne d'Arc. La jeune lorraine a délivré la ville des Anglais le 18 juin 1429 et, depuis, son souvenir est maintenu. Une statue d'elle demeure à l'ombre du mail de la place qui porte son nom et des festivités rappellent chaque année sa geste héroïque. Elles sont plus modestes que les fêtes johanniques d'Orléans mais elles nouent de la même manière les symboliques politiques et religieuses. La messe en l'église Saint-André ouvre les commémorations. À 10h30, la fanfare municipale en uniforme, assise dans le chœur, entre l'autel et le tabernacle, joue l'air épique de « Superman » (John Williams). Derrière le curé et ses enfants de chœur, le conseil municipal et les élus locaux entrent en procession ceints des écharpes tricolores, suivis des représentants de la gendarmerie et de l'armée, puis ils s'assoient sur les premiers bancs réservés à leur intention. Le curé les accueille et débute une litanie de remerciements en cherchant à n'oublier personne. D'origine polonaise, il peine manifestement à distinguer et hiérarchiser les différentes collectivités locales. Enfin, traçant sur lui le signe de croix, il débute la messe. Il ne fait ensuite de mentions particulières liées à la sainte et à l'engagement patriotique que durant l'homélie. La fanfare clôture l'office d'un nouvel air martial (*Games of Thrones* de Ramin Djawadi). Sortis de l'église, les élus se dirigent vers la statue de l'héroïne pour un discours du maire et un verre de l'amitié.

Cette petite scène observée n'a rien d'exceptionnel et témoigne de la banalité de l'enchevêtrement des registres républicains, patriotiques, catholiques – voire de l'*heroic fantasy* ! –, c'est-à-dire de la plupart des ressources de grandeur disponibles et aisément appropriables. Souvent observables dans les petites communes, des festivités aussi hybrides sont plus rares dans les grandes en raison d'une vigilance laïque plus importante. Ces arrangements prennent fin lorsqu'ils sont dénoncés. Ce fut le cas à Ploërmel (Morbihan), où la commune dut renoncer à sa statue de Jean-Paul II en raison d'un recours de deux membres de la Libre pensée. Il en est de même à Publier (Haute-Savoie) où la mairie a été condamnée à déplacer la statue de la Vierge érigée dans un jardin public. Les controverses sur les crèches dans les mairies ne dérogent pas à ce constat. Comme l'a montré Alexandre Ciaudo (2017), le « problème » a été créé par des recours administratifs portés par la Libre pensée ou la Ligue des droits de l'homme. Sans eux, les crèches demeureraient. Elles sont d'ailleurs maintenues partout où personne n'y voit d'atteinte à la laïcité. Comme l'a montré Howard Becker (1985), il n'y a pas en soi de déviance par rapport à une règle. Tout est question d'interprétation et une pratique ne devient transgressive que lorsqu'elle est publiquement attaquée comme telle. Pour ceux qui sont dénoncés, la laïcité n'entre pas en cause, ces pratiques ayant exclusivement une portée patrimoniale ou culturelle. À cette condition, la guerre des deux France s'estompe : le catholicisme et la laïcité deviennent conjugables.

Jean Baubérot a utilisé le néologisme de catho-laïcité pour dénoncer l'instrumentalisation de la laïcité par la droite à partir du rapport sur « La nouvelle laïcité » publié par François Baroin en 2003 (Baubérot, 2008, p. 126)[1]. Il a ensuite préféré utiliser l'expression de laïcité identitaire pour désigner l'entreprise de délégitimation des expressions visibles de l'islam en France au nom de la laïcité et des « racines chrétiennes » (Baubérot, 2015, p. 103-118). Depuis, le terme est mobilisé pour désigner le lien ambigu qui existerait en France entre le régime juridique de la laïcité et la religion de la majorité des français : le catholicisme. Comme l'écrit Jean-Yves Pranchère (2011, p. 109-132), dans son désétablissement même, l'Église catholique conserve des privilèges qui la placent en surplomb des autres religions. Ainsi des dizaines de milliers de lieux de culte catholique sont entretenus par l'État depuis 1905 sans que cela ne soit perçu comme une subvention indirecte. Pour qualifier cette situation paradoxale, Émile Poulat (2003, p. 160) écrivait qu'entre les Églises et l'État, il y a eu séparation de corps mais non de biens. Par ailleurs, comme aimait à le dire le Général de Gaulle : « La République est laïque, la France

1 Voir également, *La Laïcité falsifiée* (2012).

est chrétienne ». La loi de 1905 a séparé les appareils ecclésiastiques et étatiques mais n'a pas remis en cause les mœurs chrétiennes : les jours fériés appartiennent au calendrier des fêtes catholiques et les cantines publiques servent bien souvent du poisson le vendredi sans que cela ne suscite de controverse, pas plus que les œufs de Pâques décorés en classe ou les sapins de Noël. Cultuel décomposé en culturel, le caractère patrimonial de ces pratiques suffirait à les soustraire au domaine de la laïcité et donc à en légitimer la perpétuation républicaine. Comme le note Jean-Paul Willaime (2005, p. 67-82 et 1993, p. 571-580), le catholicisme bénéficie à ce titre d'une forme de discrimination positive.

Pour Jean Baubérot, la catho-laïcité ou « laïcité identitaire » est surtout une construction politique qui instrumentalise tout autant la laïcité que le catholicisme. Il classe le discours des évêques dans une autre interprétation de la laïcité : la laïcité ouverte (Baubérot, 2015, p. 89-102). Dans cet article, je vais tenter de renverser la perspective en étudiant la manière dont les catholiques mobilisent la laïcité et élaborent des « catho-laïcités » spécifiques et parfois concurrentes. Pour comprendre la manière dont le terme de laïcité est mobilisé et investi dans le contexte catholique, il faut préalablement connaître la complexité du catholicisme et ses clivages internes. Malgré la constitution hiérarchique de l'appareil ecclésial et la fondation de l'autorité sacerdotale sur le charisme d'institution, l'univers catholique échappe en grande partie à ce cadre institué. Il est constitué de courants et de sensibilités plus ou moins structurés, comme je l'ai montré en proposant une typologie (Raison du Cleuziou, 2014, chap. 5). Dans ce chapitre, je voudrais privilégier l'étude du discours sur la laïcité produit par la Conférence des évêques de France, ainsi que celui que l'on rencontre au sein du catholicisme observant, c'est-à-dire un milieu de familles conservatrices très pratiquantes et proches des communautés nouvelles qu'elles soient traditionalistes, néoclassiques ou charismatiques. La comparaison de ces discours permet d'observer l'oscillation des catholiques face à l'islam et les stratégies différenciées de perpétuation et de légitimation de la place du catholicisme dans la société française qu'ils adoptent en recourant à la laïcité. Ces instrumentalisations concurrentes de la loi de 1905 ont un enjeu principal : donner au catholicisme une exemplarité laïque afin de justifier les privilèges que la République devrait lui accorder et maintenir symboliquement l'islam à distance.

LES ÉVÊQUES CONTRE LE « LAÏCISME »

En mars 2004, la loi prohibant le port de signes religieux ostensibles au sein des écoles, collèges et lycées est promulguée. Elle promeut une nouvelle interprétation du principe de neutralité étatique. Auparavant limité aux fonctionnaires, il se trouve spatialisé et s'impose désormais à tous ceux qui entrent dans le *sanctum sanctorum* républicain qu'est l'école. Aucun signe religieux ostensible n'y est plus toléré. Au sein du catholicisme, la controverse sur le voile exacerbe une double angoisse : la montée en puissance de l'islam ; le retour d'une laïcité offensive et une régression des libertés religieuses. En octobre 2004, à Toulon, le proviseur du lycée Dumont d'Urville refuse aux aumôniers en soutane de la Communauté Saint Martin la poursuite de leur ministère[2]. En raison des politiques d'encadrement de l'islam, la période d'accommodements ouverte par la loi Debré en 1959 s'achève pour l'Église catholique. Les catholiques subissent un double déclassement : l'islam bénéficie d'une dynamique qui contraste avec le déclin catholique ; au nom des inquiétudes soulevées par les mœurs musulmanes, la liberté d'expression des convictions religieuses est menacée, ce qui pèse sur les catholiques tout autant que sur les autres religions. Dans ce contexte, la Conférence des évêques de France (CEF) déploie une stratégie rhétorique pour restaurer son statut symbolique auprès de l'État et distancier l'islam.

Les évêques élaborent leur position en s'inscrivant clairement dans la filiation du concile Vatican II qui reconnaît la liberté religieuse et légitime le dialogue entre religions. Bien qu'ils ne la citent pas, leurs propos sont proches de la déclaration *Nostra Aetate* de 1965. Leurs discours peuvent aussi être interprétés en fonction des enjeux propres au champ religieux français. Face aux élites administratives et politiques, ils s'affirment comme des partenaires exemplaires afin de désarmer toute défiance susceptible d'amoindrir la liberté religieuse ou de faire reculer leur statut symbolique d'Église historique de la France. Face aux acteurs d'autres religions, ils tentent de se doter d'une autorité de tutelle en prenant en charge leur représentation et leur défense. L'étude des interventions annuelles auprès de l'Observatoire de la laïcité en donne un bon aperçu.

2 « Des aumôniers interdits de lycée dans le Var », Dépêche AFP, 6 octobre 2004.

Pour contrer les partisans d'une extension du principe de neutralité à de nouveaux espaces, les évêques développent un républicanisme subversif. Ils ne manquent jamais de faire l'apologie de la loi de 1905 quand ils en ont l'occasion. Dans leurs prises de parole, ils patrimonialisent la laïcité en acquis historique irréversible afin de sanctuariser un état de fait favorable à leur Église. La distinction entre l'authentique laïcité d'origine et la dérive laïciste contemporaine est le premier moyen discursif déployé à cette fin. Mgr Georges Pontier, président de la CEF depuis 2013, en fait le fondement de son argumentation auprès de l'Observatoire de la laïcité en 2015 et 2016. Il oppose la version « d'origine », « qui permet et organise l'expression de la liberté de conscience des citoyens et la liberté d'exercice du culte, étant sauf le respect de l'ordre public » ; et la dérive contemporaine « qui élargit sans cesse le domaine public au point de réduire l'expression des convictions personnelles, religieuses particulièrement, dans le seul espace de la vie privée[3] ». Avec la catégorie de « laïcisme », les évêques qualifient toutes les attitudes qu'ils considèrent déviantes à l'égard de la loi de 1905, c'est-à-dire tout ce qui contribue à légitimer un encadrement plus étroit des religions en raison de leur potentielle dangerosité. Dans son intervention de 2015, Mgr Pontier va même jusqu'à imputer au « laïcisme » la responsabilité des radicalisations internes aux religions :

> La radicalisation d'aujourd'hui n'est pas seulement le fait d'intégristes incontrôlables. Elle peut aussi trouver sa motivation et sa force par opposition avec une démarche « laïcisante » qui nie le fait religieux, lui interdit toute manifestation publique, assimile toute conviction spirituelle à une négation de la République. Cette laïcité est perçue comme agressive. Elle met en cause un élément fondamental de l'identité de très nombreux Français de toutes confessions. Elle suscite des résistances le plus souvent passives, silencieuses, mais non moins profondes, et parfois collectives à travers l'appartenance communautaire qui heurte la tradition française[4].

Le second volet de ce républicanisme est la défense de la nécessité civique des religions. Contre les « laïcistes », les évêques souhaitent rappeler la valeur des religions pour la société. Mgr Pontier mobilise une argumentation fonctionnaliste à cette fin. Il insiste sur la fonction d'intégration sociale et de mobilisation civique. La foi motive l'engagement et le lien social en bénéficie :

---

3 Discours de Mgr Pontier à l'Observatoire de la laïcité, 10 mai 2016.

4 Discours de Mgr Pontier à l'Observatoire de la laïcité, 10 mars 2015.

> Il y a là un vrai rôle au service de la paix sociale et du bien-être. On sait par exemple que les catholiques font partie du nombre des personnes engagées dans la société, dans le tissu associatif confessionnel ou non et de celles qui font preuve de générosité en soutenant nombre d'associations[5].

La foi donne un sens à la vie et aide à bien vivre : « Les religions portent et transmettent un certain réservoir de sens indispensable à la vie humaine[6] ». Enfin, la foi donne à la jeunesse l'horizon, l'espoir, les valeurs dont elle a besoin pour trouver sa place dans la succession des générations. Par défaut, elle risque de subir des influences destructrices pour elle-même et pour la société. Les religions sont donc les auxiliaires de la République, elles sont la condition de la perpétuation de ses valeurs cardinales. C'est pourquoi Mgr Pontier appelle l'État à sortir d'une position de neutralité affichée à l'égard des religions. Car cette neutralité est une défiance. Les religions ont un statut d'exception. Leur liberté reste conditionnelle par comparaison à toutes les valeurs et convictions qui circulent par ailleurs.

> Ne serait-il pas plus positif de partir de tout ce que les organisations humaines apportent de positif dans la vie des personnes et donc en faveur de la vie en société ? Je ne suis pas en train de dire que cela n'existe pas dans notre pays, mais qu'il y a des courants de pensée qui ne regardent les religions que sous l'angle du risque[7].

Mgr Pontier propose que l'État reconnaisse plus ouvertement le rôle positif des religions en général, et du catholicisme en particulier, et qu'il les soutienne. Le laïcisme représente donc une menace pour la société car il condamne à la clandestinité, en disqualifiant les religions et les valeurs ultimes qui donnent sens à la vie. La neutralisation de la société contribue à l'ignorance et développe la « peur de l'autre ». Le « vivre ensemble » républicain dépend donc de la liberté religieuse. Il faut noter qu'en développant cette argumentation, Mgr Pontier défend les religions sans trop marquer la différence chrétienne. Ce qui est une manière de prendre le rôle de porte-parole de l'ensemble des religions face à l'État.

---

5 *Ibid.*, 10 mai 2016.
6 *Ibid.*
7 *Ibid.*

LA REVENDICATION D'UN DROIT D'AÎNESSE

Bien que se conférant un rôle de porte-parole des religions, les évêques ne renoncent pas pour autant à affirmer la singularité catholique. Les deux s'articulent subtilement. Mgr Pontier reproche au « laïcisme » de faire régresser les libertés religieuses au nom d'un amalgame outrancier entre les religions. Par exemple pour le contrôle accru sur la création des écoles hors-contrat, il déclare :

> On voit bien l'intention : celle de mieux réduire le risque de voir naître des établissements scolaires incontrôlés et qui favoriseraient la radicalisation des esprits et des comportements ou un communautarisme inadapté. Là encore, on impose à tous ce qui ne vise que quelques-uns[8].

Mgr Pontier dénonce également la tendance à confier une seule salle de culte à l'ensemble des aumôniers au sein des établissements hospitaliers ou pénitentiaires. Cela remet en cause la prééminence de fait du catholicisme qui bénéficie de dispositifs architecturaux du XIXe et non les autres religions (Béraud, de Galembert et Rostaing, 2016). « Les religions ont des spécificités propres pour vivre leur prière ou leur culte, les symboles propres à chacune ne sont pas compatibles dans un même lieu[9] ».

Ces différents dossiers sont problématiques parce qu'ils révèlent « une conception étroite de l'égalité ». Or Mgr Pontier sous-entend que l'État doit reconnaître que toutes les religions ne sont pas totalement égales, voire qu'il a une dette à l'égard de certaines, dans la mesure où elles contribuent au bon fonctionnement des établissements publics et n'ont aucun passif. L'Église catholique et d'autres peut-être ne posent pas de problèmes et par conséquent devraient échapper aux nouvelles mesures rendues nécessaires par l'islam.

La stratégie de distinction religieuse déployée par la CEF à l'égard des musulmans atteint son acmé à l'occasion des différents attentats. Les évêques refusent de stigmatiser l'islam, voire d'insister sur les différences entre la foi catholique et la foi musulmane, et choisissent d'assumer une vocation politique de façonnement du vivre-ensemble. Le 8 janvier 2015

---

8 *Ibid.*

9 *Ibid.*

après l'attaque contre la rédaction de *Charlie-Hebdo*, l'Église de France mobilise ses moyens pour servir le deuil national. Le glas de Notre-Dame sonne. Les évêques appellent à la fraternité, au vivre-ensemble, défendent la liberté d'expression et ne font aucune allusion à l'islam. Mgr Pontier fait l'apologie de la fraternité et du dialogue :

> Une fois le temps de l'émotion passé, il nous appartiendra de poursuivre la route en nous engageant délibérément dans des comportements fraternels, dans la recherche des moyens du dialogue qui, permettant de mieux se connaître entre citoyens aux convictions diverses, favorisent l'amitié, triomphent des peurs multiformes qui sont de si mauvaises conseillères[10].

Deux mois plus tard, en mars 2015, lors de sa visite à l'Observatoire de la laïcité, Mgr Pontier affirmera : « Nous avons valorisé le mot fraternité de notre devise républicaine[11] ». Dans son discours d'ouverture de l'Assemblée plénière des évêques du printemps, il fait de la défense des valeurs de la République la ligne structurante de l'action de l'Église :

> Quelles ressources allons-nous déployer pour que la devise de notre République, Liberté, Égalité, Fraternité, inspire les choix de notre société ? [...] Comment ne pas dire à nos concitoyens chrétiens de se tenir éloignés de toute peur, de toute tentation de repli sur soi et de manifester, les premiers, des gestes de pardon et de réconciliation[12] ?

Après l'assassinat du père Jacques Hamel le 26 juillet 2016, les évêques multiplient les appels à la fraternité, aux refus de la division et des amalgames, prêchent une nouvelle fois la nécessité du vivre-ensemble. Les musulmans sont invités dans les églises, accueillis, pris main dans la main dans des cercles de prière. Le 27 juillet lors de la messe d'hommage à Notre-Dame de Paris, le cardinal André Vingt-Trois dénonce « l'horreur des attentats aveugles » et liste toutes les peurs qui fracturent la société française sans mentionner l'islam[13]. Le 31 juillet lors de l'hommage au père Hamel à la cathédrale de Rouen, l'archevêque Mgr Lebrun déclare : « Nous accueillons particulièrement ce matin nos amis musulmans,

10 « L'Église catholique s'associe à la journée de deuil national », *eglise.catholique.fr*, 8 janvier 2015.

11 Discours de mars 2015 cité note 4.

12 Mgr Georges Pontier, « Discours d'ouverture de l'Assemblée plénière de Printemps », *eglise.catholique.fr*, 24 mars 2015.

13 Homélie du cardinal André Vingt-Trois, *paris.catholique.fr*, 27 juillet 2016.

nos frères venus dans notre cathédrale comme bâtisseurs de paix ». Il ajoute : « comme nous l'avons entendu de vos bouches que nous savons sincères, ce n'est pas l'islam[14] ».

Les évêques refusent d'affirmer franchement la distinction entre le christianisme et l'islam, ou de disqualifier cette confession au nom de son éventuel rapport à la violence. Ils privilégient une autre stratégie de différenciation et de légitimation du catholicisme : la supériorité du catholicisme se manifesterait par sa capacité de désintéressement, sa disposition à faire primer les valeurs du vivre-ensemble sur sa spécificité propre, ces valeurs correspondant par ailleurs à son identité propre. Cette posture d'une institution qui fait primer les nécessités de l'ordre public sur sa prédication place le catholicisme en position de quasi-religion civile. C'est à ce titre que les évêques revendiquent implicitement une autorité religieuse de tutelle, pour ainsi dire, sur l'islam. Ainsi Mgr Pontier présente l'Église comme la meilleure alliée de l'État dans le façonnement d'un islam adapté à la culture française et à la laïcité.

> Manifestement l'insertion de l'Islam dans notre société pose un problème politique et un problème culturel. C'est un défi essentiel. [...] Notre histoire peut nous permettre surement de les aider à mieux comprendre la culture de notre pays et la pratique de la laïcité[15].

Mgr Pontier use donc de la trajectoire historique du catholicisme comme une ressource de pouvoir sur l'islam. Comme religion républicaine, le catholicisme est l'exemple de la synthèse possible pour l'islam et à ce titre le meilleur auxiliaire de l'État pour inciter les musulmans à engager la réflexion nécessaire à une meilleure conformation aux valeurs de la société française. Mgr Pontier s'appuie à ce titre sur l'offre de formation des Instituts catholiques. Il est vrai que l'Institut catholique de Paris fut le premier à proposer une formation à la laïcité aux imams français. Mais Mgr Pontier va plus loin et suggère que la compétence de l'Église est aussi nécessaire aux agents de l'État dont la culture religieuse serait insuffisante. Les formations leur sont donc également proposées, tout particulièrement sur l'islam[16]. Cette argumentation est une nouvelle fois

14 « Rouen : catholiques et musulmans unis lors de la messe en hommage au père Hamel », *lexpress.fr*, 31 juillet 2016.

15 Discours de mai 2016 cité à la note 3.

16 *Ibid.*

développée en 2016. Mgr Pontier y affirme encore l'aînesse de l'Église catholique dans son appropriation de la laïcité et donc de l'autorité que lui confère cette exemplarité : « Chrétiens, nous ne sommes pas les plus mal placés pour rendre compte de l'expérience de la laïcité dans notre pays que nous vivons de manière concrète et désormais heureuse depuis plus d'un siècle[17] ». Au nom de cette histoire, les évêques s'estiment légitimes pour intervenir sur la question de la formation des imams.

> J'ose me permettre un mot sur la formation des imams qui demeure un des points les plus importants du vivre ensemble dans notre pays. Nous nous y engageons à notre niveau. Il y a une grosse responsabilité des fidèles musulmans, de leurs propres organisations et aussi de l'État, responsable de l'ordre public et des liens avec les divers pays d'origine de ces fidèles. C'est un des principaux défis des années à venir[18].

Les évêques, dans leur rapport à l'État, se présentent en régulateurs de l'ensemble du champ religieux ou presque. Au nom de leur expérience, ils proposent à la République une alliance dans le façonnement d'un islam de France. Cette posture d'autorité ne suscite pas d'indignation mais est audacieuse : on en prend la mesure si on imagine la situation d'un responsable musulman qui ferait des suggestions à l'État sur la gestion des prêtres pédophiles. Inversant la formule forgée par l'histoire providentialiste de la France, on peut dire que la CEF construit par ses prises de position, la figure d'une Église catholique fille ainée de la République. Mais cette stratégie d'exemplarité impose aux évêques de minimiser la différence catholique, ce qui suscite l'indignation parmi les catholiques conservateurs. Ces derniers font une apologie du christianisme moins diplomatique. Parmi les observants, la menace islamiste est interprétée comme la manifestation de l'échec de la République à se substituer au catholicisme comme pourvoyeuse de sens.

---

17 *Ibid.*

18 *Ibid.*

DES ÉVÊQUES CRITIQUÉS PAR LES TENANTS D'UNE CATHO-LAÏCITÉ IDENTITAIRE

La position de la CEF n'est bien sûr pas la seule existante au sein de l'épiscopat et *a fortiori* au sein du catholicisme français dans son ensemble. La principale cause d'opposition à sa stratégie vient d'une problématisation concurrente du rapport à l'islam. Les controverses autour de l'accueil des migrants permettent de le mesurer. Le principe de l'accueil des migrants défendu par le pape François suscite autant de résistances des consciences que le principe de l'accueil de la vie défendu par Paul VI dans son encyclique *Humanae Vitae* sur la régulation des naissances (1968). Dans les deux cas, la complexité de la réalité est opposée à l'idéal. Les déclarations du pape sont reçues comme une intrusion illégitime dans le périmètre de compétence qui devrait être réservé aux consciences individuelles. La question est clivante : en juin 2016, 49 % des catholiques « engagés » sont favorables à un accueil inconditionnel des migrants[19]. Reste que 37 % considèrent que les migrants sont une menace. En position médiane, 14 % répondent qu'il faut privilégier la venue des chrétiens. À cette date, le pape François conserve une grande popularité parmi les catholiques engagés et 47 % le soutiennent sans réserve. Ceux qui sont défiants à son égard proviennent de tous bords, mais les catholiques proches du Front National y sont surreprésentés. Toutefois, même parmi les catholiques de gauche, les flux migratoires peuvent susciter la crainte.

La problématique de l'insécurité culturelle construite par Laurent Bouvet ou Christophe Guilly rencontre un certain succès chez les catholiques (Bouvet, 2015 et Guilly, 2014). Elle se décline à droite dans une défense de l'identité nationale ; à gauche dans une défense des acquis des luttes d'émancipation. À l'éthique de responsabilité déployée par les évêques est opposée une éthique de conviction qui disqualifie celle-là comme une lâcheté irresponsable : une collaboration à la fragilisation du catholicisme et à celle de la France. La stratégie sous-jacente de perpétuation de la domination catholique échappe à ses contempteurs

---

19 Enquête Bayard/Ipsos de juin 2016 sur les catholiques engagés. *Cf. La Croix*, 12 janvier 2017. Tous les chiffres qui suivent viennent de la même enquête.

qui n'y voient qu'une forme de démission face à un islam qu'ils essentialisent comme la figure de l'ennemi. Pour Philippe de Villiers, en prêchant le « vivre ensemble », les évêques adoptent la « position du soumissionnaire ». Leur refus de disqualifier l'islam est pour lui un signe de « dhimmitude » (de Villiers, 2016, p. 137). Le journaliste Laurent Dandrieu n'hésite pas à remettre en cause l'autorité du pape dont il juge suicidaire pour l'Europe les appels à l'accueil des migrants (Dandrieu, 2017, p. 152)[20]. L'assassinat du Père Jacques Hamel à Saint-Étienne-du-Rouvray en juillet 2016 est interprété comme une nouvelle confirmation de ce diagnostic. Les observants devisent sur la tragédie d'une Église qui à force d'ouverture aux exclus a renoncé aux conditions de sa propre existence. La mosquée de Saint-Étienne-du-Rouvray a en effet été construite sur une parcelle cédée pour 1 euro symbolique par la paroisse catholique. Au-delà des cercles observants, ce discours trouve de solides appuis. En raison d'une culture de la docilité très ancrée parmi les catholiques, ces lignes divergentes ne s'opposent frontalement qu'en de rares occasions. Elles se déploient en parallèle à travers des canaux de diffusion distincts. Le discours catho-laïque des observants se diffuse dans la presse de ce milieu et sur internet.

Les catholiques observants ne s'identifient pas à la France « Charlie[21] ». La mobilisation fréquente des « valeurs de la République » par le gouvernement de gauche va tout particulièrement être interprétée par eux comme un aveu de faiblesse. Comme l'affirme le philosophe et élu local François-Xavier Bellamy : « L'appel incantatoire aux Valeurs de la République ne fait qu'exprimer l'angoisse d'une classe politique incapable de fonder les principes qui nous lient[22] ». Pour le philosophe et dramaturge Fabrice Hadjadj, la vacuité des valeurs dominantes dans la société française est même la cause du terrorisme[23]. Aymeric Pourbaix, directeur de la rédaction de *Famille Chrétienne* de 2010 à 2016, avalise cette analyse. Selon lui, les valeurs de la République sont une « formulation générale et floue », c'est un « manteau de Noé du langage politique ». Il y repère une forme de rhétorique artificielle qui a « cours aussi dans l'Église, où le discours sur les valeurs masque mal l'érosion

20 En réaction *cf.* Le Morhedec, (2017).
21 Nous reprenons ici des éléments déjà exposés dans Raison du Cleuziou, (2016 et 2017).
22 François-Xavier Bellamy, cité dans *Famille Chrétienne*, 12 décembre 2015, nº 1978, p. 13.
23 Fabrice Hadjadj, « Les djihadistes, le 11 janvier et l'Europe du vide », *figarovox.fr*, 10 février 2015.

du contenu de la foi[24] », ce qui est une pique qui vise implicitement les évêques. Cette vision critique des valeurs de la République se décline dans l'interprétation de la laïcité. Alors que les évêques font l'apologie de la laïcité originelle de 1905, les catholiques observants remontent plus en amont encore. En effet, selon eux, la laïcité est le fruit de la théologie chrétienne. Fabrice Hadjadj mobilise ainsi l'étymologie pour rappeler que la laïcité n'a de sens qu'au sein d'une société chrétienne :

> Pour la théologie catholique, l'État est essentiellement laïc. Mais il n'y a de vraie laïcité que face à un clergé. Mais César (qu'il s'agisse du prince ou du peuple) doit lui-même se souvenir qu'il est à Dieu – sans quoi il se prend pour le souverain absolu. Quand la laïcité se veut complètement autonome du clergé, elle se change en laïcisme. Elle devient elle-même une caricature de cléricature[25].

Sans l'Église catholique en face d'elle, la République risque donc de dériver dans le laïcisme. D'anticléricale elle se muera en un cléricalisme nouveau et la liberté de conscience sera alors menacée. Par conséquent, pour les observants, la guerre des deux France n'a plus lieu d'être. Il est temps de dépasser cette opposition, c'est une urgence car la République est en en danger et son salut est du côté des catholiques ; seuls ces derniers assument encore les fondamentaux à partir desquels la République s'est construite – même par opposition. Ce discours recevra sa consécration des terroristes islamistes. En effet, lors des attentats de novembre 2015, un communiqué de Daech revendique l'attaque de la France qui « porte la bannière de la croix ». Pour François-Xavier Bellamy, ce doit être un signe du ralliement nécessaire de tous les Français dans leur identité spirituelle profonde :

> …la volonté revendiquée de Daech de s'attaquer à la nation qui porte la bannière de la croix doit agir dans la société comme un électrochoc. Il est décisif de dire ce qu'est la France et ce qui nous fait tenir ensemble : l'héritage culturel, intellectuel, spirituel auquel peuvent participer tous les Français, quelle que soit leur religion. L'islamisme n'a que les forces de nos propres faiblesses[26].

Pour les observants, la défense de la société française impose une redécouverte de ses racines chrétiennes. La République ne durera qu'à cette

24 Aymeric Pourbaix, « Valeurs, vous avez dit valeurs ? », *Famille Chrétienne*, 30 janvier 2016, n° 1985, p. 3.

25 Fabrice Hadjadj cité dans *Famille Chrétienne*, 12 septembre 2015, n° 1965, p. 11.

26 François-Xavier Bellamy, cité dans *Famille Chrétienne*, 21 novembre 2015, n° 1975, p. 12.

condition. La construction de la défense de la République et de l'identité catholique de la France comme une cause commune se décline dans un discours sur les « racines chrétiennes » dont on trouve de nombreuses occurrences.

DU CULTUEL AU CULTUREL
Les « racines » et la patrimonialisation du catholicisme

Face aux conceptions inclusives de la culture française qui se sont développées à partir des années 1980 en direction des minorités étrangères (Martigny, 2016), l'identité nationale est reconstruite sur le socle d'un patrimoine culturel singulier dont le catholicisme est un élément structurant durant le premier mandat de Nicolas Sarkozy. Ce recours politique aux « racines » n'est pas un phénomène exclusivement français et il s'observe partout en Europe (Bettini, 2017).

En 2016, dans le cadre des discussions du projet de loi de révision constitutionnelle portant sur la déchéance de la nationalité, Jean-Frédéric Poisson, le député du Parti Chrétien-Démocrate, a proposé un amendement afin de réviser l'article 1 de la Constitution pour qu'y soit mentionné que la France a des « racines chrétiennes ». La députée Valérie Boyer a proposé un amendement similaire. Ainsi intégrées au patrimoine national, les expressions publiques du catholicisme se trouveraient en dehors du périmètre de la laïcité. La brève discussion a eu lieu à l'Assemblée nationale le 9 février 2016. Charles Beigbeder a fait l'apologie de cette mesure dans un essai (Beigbeder et Dumoulin, 2016), vainement, mais l'idée reste et se décline. En juin 2016, le maire de Tourcoing Gérald Darmanin s'est prononcé pour que l'interdiction de construire des minarets en France soit inscrit dans le code de l'urbanisme. Il argue du fait que : « Nous ne sommes pas une terre islamiste, nous sommes un pays de racine chrétienne[27] ».

En 2016, Éric Ciotti avait fait attribuer une subvention de 2 000 € à l'Archiconfrérie des pénitents blancs de la Sainte-Croix et du Gonfaron de Saorge. Sur recours de la Libre pensée et de la Ligue des Droits de

27 « Le plaidoyer de Gerald Darmanin pour un islam français », *rtl.fr*, 12 juin 2016.

l'Homme, le tribunal administratif de Nice a annulé cette décision. Éric Ciotti s'est alors prononcé en faveur d'une révision de la Constitution afin que la laïcité soit mentionnée dans la devise républicaine et en même temps qu'il soit fait référence aux « racines chrétiennes » de la France dans la constitution. Son projet est clairement de donner une valeur juridique à la culture chrétienne afin qu'elle puisse juridiquement être protégée par la loi sans contradiction avec le principe de laïcité.

> Qui peut nier que notre mode de vie, notre organisation sociale, notre calendrier, notre architecture ont été façonnés par deux mille ans d'influence chrétienne ? Cet héritage est pour moi culturel avant d'être cultuel. Concrètement, cette proposition de loi doit nous permettre de combattre les comportements ostentatoires tout en continuant à célébrer Noël et à installer des crèches dans nos mairies et sur nos places. Figer notre passé, c'est la garantie que les modes de vie auxquels nos compatriotes sont attachés ne seront pas remis en cause demain sous les assauts de l'obscurantisme[28].

Éric Ciotti proposera sa révision de la constitution début juillet 2018, mais elle sera rejetée en commission. Les racines chrétiennes ont une fonction politique analogue à la figure des Gaulois dans la culture républicaine du XIXe siècle. Ces derniers permettaient de célébrer une unité nationale antérieure à l'œuvre des rois, et d'exalter un esprit d'indépendance face aux prétentions impériales allemandes héritées de Rome (Venayre, 2013 ; Hobsbawm et Ranger, 2012). Les racines permettent d'affirmer que la France trouve son unité dans le patrimoine chrétien hérité indivis par les croyants et les incroyants, les fils de Clovis comme les fils des Lumières. Pour les partisans de ce récit, la France n'est pas un désert spirituel que les musulmans pourraient conquérir mais une civilisation à laquelle ils doivent respect et soumission. Implicitement, à travers ce nouveau roman national, c'est la conception de l'État qui se trouve déplacée. Les conditions de participation à la délibération démocratique ne peuvent plus être exclusivement définies par l'appartenance citoyenne, c'est-à-dire une conception juridique et formaliste de la nationalité. Comme l'affirment Marcel Gauchet et Alain Finkielkraut lors d'une émission *Répliques* sur France Culture, il faut y ajouter une condition supplémentaire dont Ernest Renan avait déjà souligné l'importance :

28 Geoffroy Lejeune, « Éric Ciotti veut ajouter le mot "laïcité" à la devise de la République tout en inscrivant les racines chrétiennes de la France dans la Constitution », *Valeurs Actuelles*, 19 mai 2016.

l'héritage partagé[29]. La République comme forme étatique ne serait donc légitime et authentiquement démocratique que dans la mesure où elle n'entrave pas la perpétuation de la culture catholique du peuple majoritaire.

CONCLUSION

La loi de 1905 a plus d'un siècle et les catholiques ont profondément intériorisé le cadre laïque et républicain. Illustration d'un mouvement de « convergence républicaine » déjà bien repéré et décrit, les catholiques se situent désormais sereinement dans le champ démocratique et mobilisent le vocabulaire républicain. Les évêques de France interviennent fréquemment pour rappeler les exigences du civisme et défendre la valeur cardinale de la loi de 1905. Ils n'hésitent pas à s'en faire les interprètes pour disqualifier les mésusages qui trahiraient son esprit. Ils s'inquiètent des limitations croissantes de l'expression religieuse motivée par la volonté de contrer un islam jugé invasif. À ce titre, ils jouent d'un « droit d'aînesse » pour se faire les porte-paroles des différentes religions françaises et maintenir leur leadership relationnel avec l'État.

Dans le discours de la Conférence des évêques de France, la laïcité subit une hybridation et permet de perpétuer une forme de nostalgie de la domination du référentiel catholique sur la cité. La catho-laïcité ainsi construite permet de restaurer la légitimité de l'Église comme partenaire de l'État, en raison de son « expérience historique », de sa sagesse politique, voir comme ressource pour conformer l'islam aux valeurs de la République. La catho-laïcité est aussi une rhétorique qui permet aux évêques de se construire une autorité de porte-parole de l'ensemble des religions auprès de l'État. Ce discours répond donc à un double enjeu : se maintenir auprès de l'État comme principal partenaire religieux ; s'imposer aux autres religions, mais surtout de fait aux musulmans, comme une autorité de tutelle qui peut les aider à pleinement s'intégrer à la France et au cadre républicain. Cherchant implicitement à positionner

29 Émission « Répliques » avec Alain Finkielkraut, Marcel Gauchet et Justine Lacroix, le 25 mars 2017.

le catholicisme comme la religion civile de la France, complémentaire et non concurrente de la laïcité, les évêques n'hésitent pas à minimiser certains aspects de la foi à cette fin.

À ce titre, leur néo-gallicanisme rencontre l'opposition d'une partie de l'opinion catholique qui juge cette stratégie irresponsable au regard de la menace que représente l'islam. Partisans d'une autre forme de catho-laïcité, ces derniers considèrent que l'endiguement de l'islam nécessite une pleine affirmation de son incompatibilité avec la culture française et la laïcité dont le catholicisme serait la matrice principale. Ces derniers promeuvent une extension des limitations de l'expression religieuse pour contrer l'islam tout en exonérant le catholicisme au nom de sa dimension patrimoniale dans la société française. Le recours aux « racines chrétiennes » de la France permet alors de justifier une interprétation spécifique du périmètre de la laïcité et de faire des catholiques les gardiens nécessaires de l'ordre républicain. France fille ainée de l'Église ? ou Église fille ainée de la République ? De fait ces deux discours instrumentalisent la dimension patrimoniale et historique de la place de l'Église dans la société française afin de tenter de perpétuer un privilège catholique dans l'accès à l'État et dans la régulation du champ religieux national.

Yann RAISON DU CLEUZIOU
Université de Bordeaux

LAÏCITÉ (FRANCE) *VS* ACCOMMODEMENTS RAISONNABLES (QUÉBEC)

Circulation transnationale des discours publics sur la définition des rapports au religieux[1]

On évoque souvent une relation de « cousinage » entre Québécois et Français. Dissemblables, les deux sociétés éprouvent une forme de sororité dans le partage d'une inquiétude sociétale face à certaines expressions du religieux. De part et d'autre de l'Atlantique, la « laïcité » émerge comme une « solution » aux « problèmes religieux ». Plusieurs débats, dont la définition de la laïcité et des accommodements raisonnables est l'épicentre, ont ainsi quitté leur univers d'origine pour trouver une niche confortable de l'autre côté de l'océan. Ce texte revient sur la popularisation de figures de style politiques et médiatiques approximatives, en France et au Québec, qui filent la comparaison, gommant la complexité et la variété des aménagements politiques et juridiques de la diversité religieuse. Alors même que, ces dix dernières années, la construction scientifique de l'objet « laïcité » dans une perspective comparatiste a permis de documenter ses mises en œuvre politiques et juridiques, tout comme ses effets sociaux dans les deux contextes (Mercier et Warren, 2016 ; Amiraux et Koussens, 2016 ; Bosset, 2008 ; Koussens, 2009 ; Baubérot, 2008a ; Baubérot, 2008b ; Landheer-Cieslak, 2007 ; Weinstock, 2006), ces analyses trouvent peu, voire pas d'écho, dans des débats publics qui privilégient des usages approximatifs des catégories. Nous examinons ici la façon dont des représentations souvent caricaturales d'une « laïcité à la française » intégratrice et d'un « multiculturalisme

1 Samuel Dalpé a collecté les données de l'analyse lexicométrique. Nous le remercions pour son travail, ainsi que l'équipe PLURADICAL (Fonds de recherche du Québec Société et Culture) et la Chaire de recherche Droit, Religion et Laïcité de l'Université de Sherbrooke pour leur soutien financier.

canadien » favorable à des « accommodements raisonnables » polarisant circulent dans et entre les deux espaces nationaux. Cette mobilité se fait à la faveur des débats sur la visibilité du religieux dans l'espace public, en particulier lorsqu'il est question de communautés de croyances minoritaires, notamment musulmanes (Amiraux et Gaudreault-Desbiens, 2016 ; Helly, 2014). À partir de ces mises en contraste caricaturales, les débats français et québécois sur la laïcité « apparaissent perméables aux concepts et expériences produits de l'autre côté de l'Atlantique. Ceux-ci sont mobilisés, appropriés et présentés tantôt comme une panacée, tantôt comme un contre-exemple » (Mercier et Warren, 2016, p. 8).

Plusieurs mécanismes caractérisent ces surgissements comparatistes dans les discours publics. Ainsi, c'est toujours à la faveur d'un événement particulier ou d'incidents associés à la visibilité d'une expression du religieux dans l'espace public que se met en place une matrice comparatiste des aménagements laïques français et québécois. Extirpés de leurs contextes sociohistoriques et politico-juridiques, les aménagements politiques et juridiques de la diversité religieuse qui se retrouvent sur le devant des scènes publiques, aussi symboliques et efficaces soient-ils, ne sont pas les plus représentatifs des laïcités française et québécoise. C'est le cas du traitement des mesures d'accommodements raisonnables dans les débats publics français, ou de la mobilisation des politiques françaises d'interdiction du port de certains signes religieux dans la sphère publique dans les récentes controverses québécoises. La référence à des évènements décontextualisés alimente alors une dynamique d'essentialisation de la « laïcité » ou de la notion d' « accommodement raisonnable » (Guillaumin, 1977, p. 11)[2].

Cette essentialisation puise sa légitimité dans des rapports publics et les prises de position de personnalités politiques sur lesquels nous revenons dans une première partie. Dans un deuxième temps, nous proposons une rapide analyse lexicométrique d'articles publiés dans les presses nationales française et québécoise pour montrer l'écho que trouvent les propositions typifiées des notions de « laïcité » et d'« accommodement raisonnable » dans la presse écrite. Nous proposons alors d'analyser les spécificités du type de

2 L'essentialisation est un processus de réification (la laïcité hors-contexte) dont les effets typifiants (la laïcité comme typification de la mixité, de l'égalité hommes-femmes, de l'émancipation, etc.) vident le terme de ses significations. L'essentialisation convoque l'idée d'abstraction et d'inaltérabilité, tenant l'empirique à distance et produisant une vision statique de notions profondément historiques.

conversation publique qui se déploie à propos de la laïcité au Québec et des accommodements raisonnables en France, en pointant les ressorts de son fonctionnement comme « commérage », cette pratique qui consiste à parler entre personnes de connaissance à propos de quelqu'un qui n'est pas là et à favoriser la circulation de représentations plus que de savoirs ancrés.

CIRCULATION DE LA LAÏCITÉ ET DES ACCOMMODEMENTS RAISONNABLES DANS LES DÉBATS PUBLICS

Lors des débats français sur le port du voile intégral en 2009 et 2010, la notion d'accommodement raisonnable a été largement mobilisée, associée aux pires « dérives communautaristes » par les nombreux intervenants auditionnés par les instances mises en place pour l'occasion. Au Québec, la diversité des personnalités publiques (chroniqueurs ou personnalités politiques) qui s'engagent pour la promotion d'une laïcité inspirée par la France y est aussi grande.

QUI PARLE ?

Dans le processus d'essentialisation qui nous intéresse, les canaux de circulation des termes et des enjeux qui alimentent les discussions sur la laïcité et les accommodements raisonnables rassemblent une très grande variété d'interlocuteurs dont nous ne retenons que quelques exemples. En France comme au Québec, l'écho de leur propos est directement lié à leur capital de visibilité médiatique au service d'une circulation transnationale des concepts. Abdelwahab Meddeb (décédé en 2014), écrivain et animateur sur une radio du service public, exprime ainsi devant la Mission d'information sur la pratique du port du voile intégral sur le territoire national que « l'idée canadienne des accommodements raisonnables [le] met en colère », parce que « le terme même ne correspond pas à l'esprit du droit français[3] ». Caroline Fourest, essayiste, se déclare soulagée :

3 Assemblée nationale, *Rapport d'information fait en application de l'article 145 du Règlement au nom de la Mission d'information sur la pratique du port du voile intégral sur le territoire*

« heureusement, en France, aucun tribunal n'a accepté l'accommodement raisonnable admis au Canada[4] ». Auteurs prolifiques d'essais destinés à un public non-universitaire, tous deux ont, à un moment ou l'autre, disposé de temps d'antenne radiophonique ou de chroniques dans la presse écrite. Leurs noms se retrouvent dans différentes pétitions, lettres ouvertes ou tribunes invitant à une « réforme de l'islam », à la défense de personnalités comme Ayaan Hirsi Ali ou Salman Rushdie (Fassin, 2010)[5]. Évoluant dans des cercles militants qui se croisent et parfois se recoupent (« féministes », « républicains »), ces voix sont particulièrement actives dans l'animation des débats français autour de la visibilité des signes religieux dans l'espace public. Ils incarnent une sorte de posture axiale en alertant sur le péril imminent auquel la laïcité serait confrontée, à l'appui de références (ici québécoises et canadiennes) qui tracent la limite à ne pas franchir.

Les chroniqueurs de l'espace médiatique n'ont pas le monopole de cette posture qui alimente la circulation transatlantique des termes et nourrit l'alerte, maintient la veille. Début 2012, lors d'un meeting de campagne présidentielle à Lille, Marine Le Pen, candidate du Front national, affirme qu'aucun abattoir en région parisienne ne serait pas halal[6]. Son inquiétude prend moins d'un mois pour traverser l'Atlantique : en mars 2012, André Simard, porte-parole et député du Parti Québécois sur les questions agricoles à l'Assemblée nationale, regrette que l'abattage religieux (entendu spécifiquement comme halal) soit devenu la règle. Cet « accommodement déraisonnable », dit-il, serait à ce point scandaleux que le ministre de l'Agriculture se sente obligé de presser le gouvernement fédéral d'intervenir pour encadrer l'étiquetage des produits commercialisés par les abattoirs. La controverse fait alors

---

national, 26 janvier 2010, en ligne : http://www.assemblee-nationale.fr/13/rap-info/i2262.asp (consultation le 19 janvier 2019).

4 *Idem.*

5 Ayaan Hirsi Ali (d'origine somalienne, politicienne néerlandaise, citoyenne américaine depuis 2013) a été menacée suite à sa collaboration à *Soumission* (2004) du cinéaste néerlandais Theo Van Gogh, assassiné en 2004 ; Salman Rushdie (d'origine indienne, citoyen britannique) a passé dix ans reclus suite à la fatwa lancée par Khomeini demandant sa mort en 1988 après la publication des *Versets sataniques* (1988). Tous deux sont perçus comme des figures légitimatrices de l'engagement dans la lutte contre les intégrismes religieux.

6 Discours de Marine Le Pen à Lille lors de la convention nationale du Front national des 18 et 19 février 2012, en ligne : https://rassemblementnational.fr/taxonomy_works/discours/page/16/ (dernière consultation le 19 janvier 2019).

la une de certains journaux[7] et les choux gras de pamphlétaires sur les réseaux sociaux. À la fin de l'été 2016, l'adoption d'arrêtés municipaux interdisant le port du « burkini » sur le territoire de plusieurs villes françaises déclenche de nouveau des commentaires politiques au Québec. La députée québécoise de Montarville, porte-parole pour la laïcité du parti d'opposition Coalition Avenir Québec[8] à l'Assemblée nationale, presse ainsi le gouvernement provincial de légiférer pour interdire le burkini au Québec. La ministre de la Justice, Stéphanie Vallée, s'exprime le jour même pour répondre : « c'est un débat qui est de l'autre côté de l'océan. On va le laisser de l'autre côté de l'océan » (Perron, 2016).

LES DYNAMIQUES À L'ŒUVRE

Au-delà de l'anecdotique, ces évènements révèlent trois dynamiques. La première traduit l'émergence et la circulation d'inquiétudes convergentes dans les deux sociétés. La France comme le Québec sont des sociétés sécularisées confrontées à la visibilité accrue d'un pluralisme des croyances questionnant la présence du religieux dans l'espace public. La deuxième renvoie à la systématisation du recours à la critique d'un multiculturalisme canadien dont la France devrait se tenir loin. Avant le Canada, le Royaume-Uni et les États-Unis ont traditionnellement été construits comme « modèles » antithétiques de la France sur le plan des vocabulaires, des récits et des politiques publiques en matière d'intégration, de multiculturalisme ou de promotion de l'égalité en contexte pluraliste (Lapeyronnie, 1996 ; Favell, 1998 ; Bleich, 2003 ; Garbaye, 2005 ; Meer, Modood, Sala Pala et Simon, 2009). Peu de temps après l'adoption de la loi interdisant le port de signes religieux ostensibles dans écoles publiques[9], Régis Debray (2004, p. 29) estime ainsi que « la France, plus proche […] du Québec que du Canada, ne peut sans doute se payer le luxe du multiculturalisme, plus accessible aux

7 Geneviève Lajoie, « Tous les Québécois mangent halal », *Le Journal de Montréal*, 14 mars 2012, en ligne : http://www.journaldemontreal.com/2012/03/14/accommodement-deraisonnable-dit-le-pq (dernière consultation le 19 janvier 2019).

8 Parti nationaliste, la *Coalition Avenir Québec* soutient un projet conjuguant libéralisme économique et conservatisme social. Elle a remporté les élections provinciales en octobre 2018.

9 *Loi nº 2004-228 du 15 mars 2004 encadrant, en application du principe de laïcité, le port de signes ou de tenues manifestant ostensiblement une appartenance religieuse dans les écoles, collèges et lycées publics*, J.O 65 du 17 mars 2004, p. 5190.

histoires courtes et aux larges espaces ». Les condamnations politiques et médiatiques des politiques multiculturelles, accusées de nourrir les pires maux (communautarisme, ghettoïsation, fragmentation de la communauté politique nationale), permettent en retour de valoriser, au Québec, une culture (ou contre-culture) politique républicaine[10]. En janvier 2010, le *Rapport d'information sur la pratique du port du voile intégral sur le territoire national*[11] (dit Rapport Gérin) se réfère explicitement au principe d'accommodement raisonnable pour, sans en clarifier la définition juridique en contexte canadien, juger que « cette culture et cet "esprit des lois" canadiens dont découle le principe du droit aux "accommodements raisonnables" [offrirait], par ailleurs, un cadre propice à la multiplication des revendications identitaires[12] ». Ces commentaires dépréciatifs du multiculturalisme canadien sont parfois repris au Québec pour lui opposer une laïcité à la française salvatrice. Ainsi, lors des débats suscités par le projet de *Charte des valeurs de la laïcité* en 2013 et 2014[13], la Première ministre Pauline Marois, membre du Parti québécois, affirme que « le plus bel exemple, à [son] avis, c'est la France [...] qui a trouvé un espace pour bien vivre avec tous ces ressortissants d'autres religions, d'autres États[14] ». La troisième dynamique découle du poids croissant d'un argumentaire républicain échafaudant les fondations de ce que

10 En 2008, le rapport produit par la Commission de consultation sur les pratiques d'accommodement reliées aux différences culturelles relevait qu'« en France comme au Québec, cette reconnaissance de la différence a souvent été stigmatisée comme une invitation implicite au communautarisme ». Voir Commission de consultation sur les pratiques d'accommodements reliées aux différences culturelles, *Fonder l'avenir. Le temps de la conciliation. Rapport*, 2008, p. 193.

11 Assemblée nationale, *Rapport d'information fait en application de l'article 145 du Règlement au nom de la Mission d'information sur la pratique du port du voile intégral sur le territoire national*, 26 janvier 2010, en ligne : http://www.assemblee-nationale.fr/13/rap-info/i2262.asp (dernière consultation le 19 janvier 2019).

12 *Idem*.

13 Ce projet de loi visait autant l'interdiction du port de signes religieux ayant un caractère démonstratif pour le personnel de l'État dans l'exercice de ses fonctions que la valorisation des éléments emblématiques et toponymiques du patrimoine culturel du Québec. Assemblée Nationale du Québec, *Projet de loi nº 60 : Charte affirmant les valeurs de laïcité et de neutralité religieuse de l'État ainsi que d'égalité entre les femmes et les hommes et encadrant les demandes d'accommodement*, en ligne : http://www.assnat.qc.ca/fr/travaux-parlementaires/projets-loi/projet-loi-60-40-1.html (dernière consultation le 19 juin 2017).

14 « Charte des valeurs québécoises : Marois vante l'intégration à la française », *La Presse*, 12 septembre 2013, en ligne : http://www.lapresse.ca/actualites/politique/politique-quebecoise/201309/12/01-4688752-charte-des-valeurs-quebecoises-marois-vante-lintegration-a-la-francaise.php (consultation le 19 janvier 2019).

plusieurs auteurs qualifient désormais de « nouvelle laïcité », à la faveur de la visibilité de certaines expressions d'affiliations religieuses souvent minoritaires, notamment par des musulmans (Abdellali et Marwan, 2012, p. 147 ; Hennette-Vauchez et Valentin, 2014).

L'émergence de cette « nouvelle laïcité » a souvent vu le concept d'accommodement raisonnable détourné de sa signification juridique canadienne. En 2003, le rapport de la Commission de réflexion sur l'application du principe de laïcité dans la République (dit Rapport Stasi) postulait qu'« accepter d'adapter l'expression publique de ses particularités confessionnelles et de mettre des bornes à l'affirmation de son identité permet la rencontre de tous dans l'espace public. C'est ce que les Québécois qualifient d'"accommodements raisonnables"[15] ». Alors même que les mesures d'accommodements raisonnables sont justifiées dans la jurisprudence de la Cour suprême du Canada par le droit à l'égalité et le respect du multiculturalisme canadien[16], le rapport Stasi inverse la signification du concept, permettant aux auteurs d'étayer un argumentaire républicain en tous points opposé. Celui-ci a fortement résonné en France, trouvant une première légitimation dans des rapports publics, puis un ancrage législatif, avant de trouver un écho au Québec. Lors de la première controverse sur les accommodements raisonnables en 2006, les arguments en faveur de cette « laïcité narrative[17] » française ont suscité l'intérêt marqué d'intellectuels et de figures politiques québécoises, défendant un principe de laïcité « à la française ». Les propositions de la Commission Stasi ont en particulier suscité « un engouement considérable chez bon nombre de nationalistes

15 Commission de réflexion sur l'application du principe de laïcité dans la République, 2003, *Rapport remis au président de la République*, p. 16, en ligne : http://lesrapports.ladocumentationfrancaise.fr/BRP/034000725/0000.pdf (dernière consultation le 19 juin 2017).

16 La Cour suprême du Canada définit l'accommodement raisonnable comme un corolaire du principe d'égalité qui vise à éviter toute discrimination indirecte au regard de l'ensemble des droits et libertés garantis par la *Charte canadienne des droits et libertés* de 1982 (handicap, âge, sexe, origine ethnique). Cette « obligation [...] consiste à prendre des mesures raisonnables pour s'entendre avec le plaignant, à moins que cela ne cause une contrainte excessive [...] ». C.S.C. *O'Malley* c. *Simpson-Sears*, [1985] 2.R.C.S.536.

17 La notion de « laïcité narrative » retrace une forme de laïcité idéalisée qui prend corps dans des discours ou rapports publics concernant la régulation de la diversité religieuse. Elle procède du politique, d'organismes institutionnels mais aussi d'acteurs sociaux. Elle n'est donc pas totalement hermétique aux représentations véhiculées dans la société. Voir Ferrari, 2009.

civiques, qui arguèrent pour une importation des principes et des pratiques de la laïcité française en sol québécois » (Weinstock, 2007). Régulièrement discutées au Québec, ces représentations de la laïcité française sont rapidement devenues dominantes au point de constituer un cadre normatif de référence dans les débats juridiques et politiques portant sur les minorités religieuses. On ne s'étonnera donc pas que, pendant le débat québécois sur le projet de *Charte des valeurs de la laïcité*, la laïcité française ait pu à ce point être qualifiée de « fermée » ou de « rigide » par tant d'intervenants publics à partir de son traitement des symboles minoritaires (Raison du Cleuziou, 2016 ; Koussens, 2015)[18].

La laïcité est majoritairement débattue, en France comme au Québec, en lien avec la visibilité des symboles religieux dans la sphère publique. Les références croisées procèdent par production de typifications stratégiques, opposant un modèle républicain de laïcité à un modèle multiculturaliste canadien promoteur d'accommodements raisonnables[19]. En passant d'abord par les scènes politiques nationales, les notions de laïcité, de multiculturalisme et, dans une moindre mesure, d'accommodement raisonnable entrent progressivement dans l'usage social. Elles incarnent des figures concurrentes très efficaces pour organiser les attributions de positions dans des débats polarisés (l'accommodement raisonnable versus l'accommodement déraisonnable ; la laïcité à la française versus le multiculturalisme canadien auquel le Québec cèderait). C'est ensuite sur des scènes médiatiques de types variés, segmentées dans leurs circuits de production comme de réception, que ces représentations vont s'autonomiser de leur signification ancrée, c'est-à-dire être convoquées, discutées, débattues, bref mises en circulation indépendamment de leur historicité et de leurs significations originelles. Elles contribuent aussi au maintien, au Québec comme en France, d'une sorte d'état d'alerte permanent qui finit par ne requérir que la simple mention de l'un ou l'autre des termes pour être réactivé.

---

18 Les mesures législatives souvent citées (*Loi du 15 mars 2004*, *Loi du 11 octobre*) ne sont pas les plus représentatives d'une laïcité qui, en France, renvoie à des aménagements juridiques très variés.

19 Pour un portait des acteurs véhiculant ces positions, voir Piotte et Couture (2012) et Lamy (2015).

CIRCULATION ET USAGES MÉDIATIQUES DE LA LAÏCITÉ DANS LES DÉBATS PUBLICS

Plusieurs enquêtes (Charaudeau, 2015 ; Thomas, 2008 ; Amiraux, 2009 ; Potvin, 2008 ; Heinrich et Dufour, 2008 ; Giasson, Brin et Sauvageau, 2010 ; Fall et Vignaux, 2008), en France et au Québec, ont montré comment les médias construisent « l'évènement [ou la laïcité] dans un va-et-vient permanent entre le surgissement d'évènements (expulsion de jeunes filles voilées), les déclarations des acteurs politiques et les mouvements citoyens avec leurs différentes formes d'expression » (Charaudeau, 2015, p. 53). Les espaces médiatiques nationaux sont d'autant plus réceptifs aux constructions stéréotypées de la laïcité ou des accommodements raisonnables, que les emprunts et les analyses se font dans la même langue. Cette section propose une analyse lexicométrique (réalisée avec le logiciel de statistiques textuelles IRAMuTEQ) des articles d'information, chroniques et éditoriaux[20] publiés dans les presses française et francophone québécoise au cours de séquences récentes au cours desquelles laïcité et accommodements raisonnables ont été contrastés[21]. Sans s'attacher aux différents locuteurs, à leurs caractéristiques et aux façons dont ils opèrent dans les débats publics français et québécois, cet exercice met en lumière les évènements ou « moments discursifs » (Charaudeau, 2015) pendant lesquels les notions d'« accommodement(s) raisonnable(s) » et de « multiculturalisme », d'une part, et de « laïcité », d'autre part, sont mobilisées dans certains quotidiens[22]. Il aide à retracer les

---

20 L'ensemble des articles analysés ont été sélectionnés à partir du répertoire d'archives de presse *Eureka*.

21 Après avoir associé l'émergence des occurrences à des évènements particuliers sur les séquences sélectionnées, nous avons voulu repérer les usages des mots « accommodement(s) raisonnable(s) » et « multiculturalisme » (pour le corpus français), puis « laïcité » (pour le corpus québécois). Les corpus textuels ont été soumis à un algorithme d'analyse des similitudes (ADS).

22 Le corpus français compte 1189 articles publiés dans *Le Monde*, *Le Figaro* et *Libération* entre le 22 juin 2008 et le 31 août 2016, soit lors du débat sur le port du voile intégral (2009-2010), l'affaire Baby loup (2010-2014) et la controverse sur le port du burkini (2016). Le corpus québécois comprend 1396 articles issus des trois principaux quotidiens francophones (*La Presse*, *Le Devoir*, *Le Journal de Montréal*) publiés entre le 13 août 2012 et le 7 avril 2014, soit lors des débats sur le projet de *Charte des valeurs de la laïcité*.

territoires et les profils lexicaux autour desquels les discussions publiques nationales s'agencent[23].

LA FOCALISATION MÉDIATIQUE SUR LA VISIBILITÉ DU RELIGIEUX

Au Québec, le rapport de la *Commission de consultation sur les pratiques d'accommodement reliées aux différences culturelles* (dite commission Bouchard-Taylor)[24] a montré comment les débats sur la laïcité étaient nés du traitement médiatique d'évènements mobilisés *a posteriori* par certaines élites politiques pour construire le religieux comme problème (Baubérot, 2008, p. 79 ; Potvin, 2008, p. 246). Le même mécanisme caractérise l'ensemble de la séquence française 2009-2016 (Amiraux, 2014, p. 15)[25].

L'expression « accommodement(s) raisonnable(s) » apparait dans les médias français dans des contextes de gestion de la diversité religieuse, qu'il s'agisse de l'expression individuelle (port du voile dans un lycée public de Strasbourg en février 2015 ; débat sur le port du burkini en août 2016) ou collective (présence des crèches dans les institutions publiques ; culte musulman) des convictions religieuses. L'occurrence se retrouve aussi dans le traitement d'une actualité où l'accommodement raisonnable est associé à une acceptation tacite de valeurs (musulmanes) présumées ou de comportements (de minorités issues de l'immigration) jugés incompatibles avec les valeurs « partagées » des sociétés occidentales, à l'instar des agressions commises contre des femmes à Cologne lors de la nuit du Nouvel an 2016.

En contexte canadien, le principe jurisprudentiel de l'accommodement raisonnable, corollaire du principe d'égalité, est initialement formulé à l'issue d'un contentieux relatif à l'exercice de la liberté de conscience et de religion. Cantonnant l'accommodement raisonnable à la seule protection de la liberté de conscience et de religion, le traitement médiatique qui en est fait en France est caricatural mais très efficace pour associer

23 Une partie des analyses du corpus québécois se trouve dans Dalpé et Koussens (2016).

24 Mise en place en février 2007 par le Premier ministre québécois Jean Charest, elle dresse le portrait des pratiques d'accommodements liées aux différences culturelles au Québec, analyse les principaux enjeux à l'appui d'expériences d'autres sociétés, consulte la population québécoise sur le sujet et formule des recommandations au gouvernement. Elle intervient au terme de plusieurs controverses qui, depuis 1985 et plusieurs jugements sur des cas d'accommodements raisonnables, ont animé les débats publics québécois. Entre mai 2002 et février 2006, les controverses s'intensifient jusqu'à un paroxysme (mars 2006-juin 2007).

25 Il est également à l'œuvre au début de la controverse sur le voile intégral en 2009. Pour une illustration à partir de la controverse sur le port du burkini en France, voir Kaufmann (2017).

la mesure à une « dérive du multiculturalisme », politique directement associée par la presse à un double laxisme, d'une part à l'égard d'une immigration « incontrôlée » (crise des migrants en 2015-2016 ; évènements de Cologne en 2016), d'autre part à l'égard de certaines expressions de foi en islam dans la sphère publique (port du voile intégral en 2009-2010 ; affaire du burkini en 2016). Si *Le Monde* lui consacre un dossier spécial en 2011, *Le Figaro* est de loin celui où l'occurrence « multiculturalisme » apparaît le plus, son nombre étant par ailleurs en croissance constante depuis 2015, début de la collaboration du quotidien avec le pamphlétaire québécois Mathieu Bock-Côté.

En août 2012, le gouvernement du Parti québécois annonce un projet de *Charte des valeurs de la laïcité*. Si les précédents débats québécois sur la laïcité étaient nés d'évènements ou d'incidents, ce n'est pas le cas ici. L'annonce gouvernementale contribue à inscrire à l'agenda médiatique la question de la laïcité, laquelle est directement et à nouveau, le plus souvent posée en référence à un modèle français associé à la visibilité des expressions individuelles des convictions religieuses.

Depuis dix ans au Québec, outre les débats sur la place du crucifix dans certaines institutions publiques et ceux sur les conditions d'enseignement du cours éthique et culture religieuse dans les écoles primaire et secondaire, aucune des discussions publiques tenues sur la laïcité ne s'est jamais émancipée de la thématique du symbole/vêtement religieux (foulard, kirpan, sous-turban sikh).

CARTOGRAPHIE DES MONDES SÉMANTIQUES

Dans l'arbre présenté à la *Figure 4*, les termes « musulman », « religieux » et « laïcité » délimitent, dans la presse écrite française, des territoires discursifs autour desquels la discussion prend forme. La centralité des trois mots suggère une mobilisation de l'ensemble sémantique « accommodement(s) raisonnable(s) » autour d'enjeux laïques propres à une religion en particulier – l'islam –, aucune autre dénomination religieuse n'apparaissant dans l'ADS. La centralité de l'islam traduit un important décalage avec la réalité des demandes d'accommodements religieux – pourtant très minoritaires – au Québec[26],

26 Au Québec, la Commission des droits de la personne et de la jeunesse (CDPDJ) souligne qu'en pratique, seules 25 des 3 582 plaintes (soit 0,69 % des plaintes) reçues entre 2009

lesquelles sont principalement le fait de groupes chrétiens. L'occurrence « accommodement(s) raisonnable(s) » se trouve relativement isolée : directement associée aux termes « Québec » et « Canada », elle reste étrangère à la tradition hexagonale de régulation du religieux.

L'arbre présenté en *Figure 5* montre l'isolement de l'occurrence « multiculturalisme », associée aux occurrences « allemand », « Allemagne », « chancelière », « immigration » et « diversité », marquant une opposition avec une tradition française. La discussion s'établit alors à partir de la centralité de l'occurrence « France » et de territoires de discours qui lui sont propres : « république », « républicaine », « nation », « président ».

Au Québec (*Figure 6*), la centralité du projet de « Charte des valeurs de la laïcité » ressort nettement sur la séquence sélectionnée. L'ensemble sémantique « charte » se trouve directement lié avec « laïcité », « québécois » et « Québec », mais aussi dans une moindre mesure « français ». Ce n'est donc pas tant par des références explicites à la France que se construit le projet de *Charte de la laïcité*, mais plutôt par un emprunt aux valeurs supposément associées à la laïcité française. Se tisse ainsi un territoire autour du mot « religieux », lui-même point d'ancrage d'un sous-ensemble « femme ». Cette association laïcité>religieux>femme marque une séquence maintes fois reprise dans les débats portant plus particulièrement sur le port du foulard.

Les mécanismes discursifs qui organisent la mise en contraste de la France et du Québec alimentent la circulation de représentations, leur stabilité, leur reproduction. Ils organisent, par leur répétition, une polarisation construite autour de territoires et classes lexicaux, mais aussi d'associations qui sortent les concepts de laïcité et d'accommodements raisonnables de leur giron juridique. Partielles et sélectives, ces représentations sociales de ce que ces termes recouvrent supposément n'en sont pas moins efficaces. Les discours publics véhiculés dans la presse procèdent ainsi à la naturalisation d'un certain nombre de relations lexicales (comme entre accommodements raisonnables et musulmans ou entre laïcité et égalité hommes-femmes) déconnectées de leur ancrage historique, politique et juridique.

---

et 2013 portaient sur des accommodements pour des motifs religieux. CDPDJ, *Des droits pour tous et toutes – Les demandes d'accommodements raisonnables*, Fiche 4, en ligne : http://www.cdpdj.qc.ca/Publications/DPT_AR-demandes.pdf (dernière consultation le 15 juin 2017).

Cette brève incursion lexicométrique montre la rigidification, le durcissement de la « laïcité à la française » et du « multiculturalisme canadien » à l'œuvre dans leur convocation en miroir, notamment lorsqu'elle est opérée par des acteurs politiques à des fins notamment électorales. Il est donc essentiel de garder à l'esprit que ces usages ponctuels ne recouvrent que très marginalement la réalité pratique de la mise en œuvre de la laïcité en France, comme des accommodements raisonnables au Québec. Le corpus utilisé dans ce texte invite donc à la prudence. Il peut difficilement faire l'économie, c'est une piste à creuser, d'une sociologie comparée de la façon dont se construisent les débats publics et s'organisent, par exemple, la distribution des expertises universitaires versus politico-administratives (dans les commissions parlementaires, dans les commentaires d'actualité) en France et au Québec.

MISES EN CONTRASTE ET CONVERSATIONS PUBLIQUES
L'essentialisation au travail

L'essentialisation des catégories contrastant France et Québec se fait d'autant plus facilement qu'elle s'inscrit dans une conversation publique dont le commérage est le ressort discursif principal. Les conversations à propos des accommodements raisonnables en France et de la laïcité au Québec s'engagent dans différentes arènes, de façon plus ou moins institutionnalisée (débats parlementaires, travaux de commissions mandatées sur certains thèmes, commande de rapports publics, déclarations de personnalités politiques) ou plus informellement (récits de fictions, romans à succès, essais, blogues, commentaires de l'actualité par des personnes issues du monde universitaire, de l'univers journalistique ou de milieux communautaires). Nous nous arrêtons sur quelques-uns des animateurs de cet espace francophone, avant de revenir sur l'effet produit par la systématisation d'une mise en comparaison contrastante entre laïcité d'un côté et accommodements raisonnables de l'autre.

LES CIRCUITS DU « COMMÉRAGE »

L'essentialisation des concepts dans les propos politiques et les espaces médiatiques repose sur une matrice de discussion publique qui rappelle le commérage, pratique discursive qui consiste à parler d'absents entre personnes qui se connaissent ou sont liées (Bok, 1982 ; Amiraux, 2014 ; 2016). Les propos qui circulent finissent par faire autorité, indépendamment de la vérification de ce que la source du commérage a émis initialement (Meyer Spacks, 1985 ; Ayim, 1994). Des formes légitimes et illégitimes de savoirs y participent, contribuant à féconder l'anxiété, mais aussi à renforcer l'autorité discrétionnaire de certains sur d'autres. Le commérage produit plusieurs effets repérables dans les débats qui nous occupent. Le premier consiste à nous rendre familier un sujet qui nous est éloigné, inconnu. Nul besoin de connaître les textes de lois ou les réalités de terrain pour savoir, au moins grossièrement, décrire ce que laïcité et accommodements raisonnables recouvrent : l'un et l'autre concernent la présence du religieux dans les sociétés sécularisées ; l'un et l'autre renvoient à un mécanisme juridique de garantie de l'égalité et de la liberté de religion. Dans le cours de la discussion publique, plusieurs éléments s'effacent pour s'éloigner du sens premier et favoriser la confusion entre des enjeux agglomérés les uns aux autres, sans plus de précision. L'accommodement raisonnable cesse d'être un droit pour devenir un abus ; la laïcité se mue en valeur essentielle de la République plutôt que d'être un principe d'organisation de la vie publique[27]. Un deuxième effet est de permettre aux non spécialistes de ces sujets d'établir des connexions (laïcité-émancipation-égalité hommes femmes ; accommodement raisonnable-abus-risque d'islamisation), de rassembler, de lier des événements et des lieux (revendiquer ses droits à la liberté de religion importe dans les espaces québécois et français des faits relevant des sociétés moyen-orientales), malgré leur éloignement géographique (les accommodements raisonnables n'existent qu'au Canada, la vraie laïcité n'existe qu'en France) ou leur déconnexion d'enjeux locaux. Un troisième effet tient dans la circulation d'affirmations qui, à mesure qu'elles s'éloignent de la source et de leur émission initiale, parviennent à fonctionner comme des vérités, facilitant l'imposition en douceur et la

27 *Présidentielle 2017 : la place de la religion et de la laïcité dans l'élection présidentielle*, sondage Ipsos / Sopra Steria (Game changers), 22 mars 2017.

circulation de représentations qui seront plus difficiles à contester par la suite (Miller and McHoul, 1998 ; Birchall, 2011). Tous les niveaux de compétences et de positions sont engagés dans le commérage : les rumeurs circulent indépendamment des capitaux culturels et symboliques de ceux qui les font circuler (Fine and Turner, 2001).

Plusieurs dynamiques se croisent ici. La première produit une mise en équivalence des discours anonymes et experts sur la laïcité. Lors des auditions devant la commission parlementaire pendant le débat québécois sur la Charte, on entend ainsi s'exprimer les représentants de la Commission des droits de la personne et de la jeunesse, l'ancienne animatrice de Radio-Canada Janette Bertrand auto-déclarée féministe et une famille québécoise[28]. La seconde est celle qui consiste, pour les autorités politiques, à valider ou invalider certaines opinions savantes. En France, lors des auditions devant la Mission d'information sur la pratique du port du voile intégral, le dialogue est difficile entre les commissaires parlementaires et Jean Baubérot, sociologue et historien de la laïcité. Ce que le président Gérin, député communiste et maire de Vénissieux, appelle de ses vœux (« apporter une réponse forte à ce qui ressemble à un défi de civilisation ») nécessite « une démarche de connaissance, [que Baubérot estime cependant] difficilement acceptée en France quand cela s'applique à la laïcité[29] ».

CAPTEURS ET RELAIS DE L'ESSENTIALISATION

Comprendre la façon dont certains événements sont lus, interprétés, représentés par les auteurs de commérages, puis par différents segments de publics qui les écoutent ou les lisent, permet de saisir les logiques complexes qui sous-tendent les représentations populaires d'idées effrayantes (les menaces sur la cohésion, l'identité nationale, le risque d'islamisation, la perte des acquis historiques)[30]. Les représenta-

28 Les consultations publiques de l'Assemblée nationale permettent à qui le souhaite de soumettre un mémoire, i. e. un document dans lequel une personne ou un organisme exprime son point de vue sur un sujet faisant l'objet de la consultation.

29 *Mission d'information sur la pratique du port du voile intégral sur le territoire national*, audition du mercredi 21 octobre 2009, séance de 9 heures 30, Compte rendu n° 9. Accessible sur http://www.assemblee-nationale.fr/13/cr-miburqa/09-10/c0910009.asp (dernière consultation le 15 avril 2017).

30 Ces arguments rhétoriques sont par exemple centraux dans la production écrite de Bock-Côté qui assimile « sociologie de la diversité et des identités » à « l'identité victimaire ».

tions sociales sont à la fois observables et constamment reconstruites. Largement étudiées en sociologie, ces « réalités mentales dont l'évidence nous est sensible quotidiennement » circulent dans des messages, sont reprises dans des mots, véhiculées par les médias et « cristallisées dans les conduites et les agencements matériels ou spatiaux » (Jodelet 2003, p. 47-48). Elles constituent des guides pour l'action et peuvent aussi aider certains groupes à construire un discours consensuel sur certains enjeux. Sur ce point, en France comme au Québec, des formations politiques traditionnellement opposées semblent converger sur la question du rapport au religieux, en pointant notamment des éléments à risque pour la cohésion nationale.

Les médias jouent un rôle indéniable dans la circulation des représentations sociales autour des questions religieuses. Ils exposent les faits, les mettent en récit pour les rendre intelligibles (Sormany, 2011, p. 15). Les directeurs de rédaction ne sont cependant plus les seuls à filtrer les informations, à distinguer la « nouvelle intéressante » de celle qui l'est moins. Une masse d'informations non vérifiées et de commentaires personnels circulent, notamment, favorisée par l'accessibilité du web. Les passeurs sont des figures centrales. Ils ne se contentent pas de transmettre une idée ou de « faire passer quelqu'un » (par exemple de recommander tel interlocuteur français auprès des médias québécois, et réciproquement). Ils disposent à la fois des talents de traducteurs et des ressources (capitaux sociaux, politiques, culturels) leur permettant de circuler d'un espace national à l'autre, d'une arène médiatique à l'autre jusqu'à être considérés comme « experts » au point de finir par exercer un véritable magistère médiatique sur ces questions. En France, ces passeurs sont plutôt essayistes/chroniqueurs (Caroline Fourest), journalistes (Éric Zemmour, Élisabeth Lévy). Au Québec, ils sont journalistes (Christian Rioux, correspondant du journal *Le Devoir* en France), blogueurs (Matthieu Bock-Côté), essayistes (Djemila Benhabib), tous trois très proches du Parti québécois.

L'idée du déclin, de l'agression trouve ici des points d'appui dans la façon dont, selon lui, une logique expiatoire se saisit de l'histoire pour consacrer « l'avènement des "dominés" » et la « commémoration pénitentielle ». Voir Bock-Côté (2016, p. 151-152) La multiplication de prises de position dénonçant, depuis l'Appel des 80 en novembre 2018, l'invasion de l'université et des institutions culturelles par les « idéologies indigénistes et décoloniales » relève d'une rhétorique similaire.

La mise en opposition de la laïcité et du multiculturalisme (dont les accommodements raisonnables sont le symbole) fait émerger des contrastes, des univers lexicaux polarisants qui se stabilisent grâce à un intense travail de publicisation. Le commérage procède à une sélection des thèmes pertinents, un tissage serré des associations à faire ou ne pas faire. Cette publicisation sélective peut nous aider à comprendre comment certains débats traversent l'océan et d'autres non. Les sikhs, populations concernées par les accommodements raisonnables au Québec[31], sont par exemple totalement absents des discussions sur l'encadrement de la diversité religieuse en France. La loi de 2004 interdit le port de *tous* les signes ostensibles, sans jamais définir lesquels pourraient être qualifiés de la sorte. La circulaire qui en définit l'application en mai 2004[32] en mentionne pourtant quelques-uns (le voile islamique, la kippa, la croix de dimension manifestement excessive) mais omet par exemple de citer le *dastar* (turban) porté par les élèves sikhs (dont trois seront pourtant définitivement exclus en 2005), probablement parce que l'opinion publique comme les représentants politiques ne l'identifient pas *a priori* aux problèmes auxquels la loi française répond[33].

L'espace conversationnel s'est élargi, décuplé par les réseaux sociaux qui « […] ont ouvert la participation à de nouveaux publics en permettant des formes beaucoup moins coûteuses de publication, comme la rédaction de statuts, la conversation et le partage de liens commentés » (Cardon, 2011, p. 200). Cardon parle d'une scène en clair-obscur, où l'on échange des statuts, des blagues, commente les nouvelles et crée

31 En 2006, la Cour suprême valide l'accommodement consenti à un jeune sikh, sous réserve qu'il respecte plusieurs conditions de sécurité, lui permettant de porter son kirpan à l'école (*Multani* c. *Commission scolaire Marguerite-Bourgeoys*, [2006] 1 R.C.S. 256, 2006 CSC 6).

32 Circulaire du 18 mai 2004 relative à la mise en œuvre de la loi n° 2004-228 du 15 mars 2004 encadrant, en application du principe de laïcité, le port de signes religieux ou de tenues manifestant ostensiblement une appartenance religieuse dans les écoles, collèges et lycées publics, JORF n° 118 du 22 mai 2004.

33 Dans trois décisions datant du 5 décembre 2007 (CE, 5 décembre 2007, *M. Chain Singh*, n° 285394 ; CE, 5 décembre 2007, *M. Gurdial Singh*, n° 285395 ; CE, 5 décembre 2007, *M. Bikramjit Singh*, n° 285396), le conseil d'État a émis son avis sur le caractère de ce symbole religieux absent de l'argumentation du législateur en 2004. Les juges affirment qu'il « ne peut être qualifié de signe discret » et ajoutent qu'en portant ce symbole, les jeunes sikhs affirment ostensiblement leur appartenance au sikhisme. Dans les trois décisions, le turban sikh est défini comme un symbole ostensible *par nature* et doit par conséquent être banni des écoles publiques.

des buzz à partir de pages personnelles. Ces usages des réseaux sociaux nourrissent le commérage grâce à l'entrée dans la conversation de ceux qui reçoivent et commentent les nouvelles dans des espaces de publication dont les formes sont peu contraintes et dans lesquels les contrôles (notamment repérables dans les fils de discussion sur twitter) s'exercent de façon segmentée. Les commentaires des lecteurs au bas des articles ou les forums de discussion sont des scènes inédites, où des modalités nouvelles de rapport à l'information s'expriment, sous forme de critique des canaux classiques de production de connaissance et d'offre alternative à ceux-ci, mais aussi comme proposition d'agréger à la discussion les publics directement concernés par les sujets couverts. Helly et Nadeau montrent bien comment, à partir de pages *Facebook*, les éléments épars d'arguments politiques nationalistes contribuent à structurer, virtuellement et informellement, une proto-extrême droite au Québec. Leur travail reprend l'ensemble des débats qui ont entouré le projet de Charte de la laïcité, pour montrer l'émergence et la stabilisation de ce réseau (Helly et Nadeau, 2016).

Dans ces débats parfois difficiles à repérer, tant leur dynamique est simultanément segmentaire (le fonctionnement des bulles médiatiques) et discontinue (en lien avec des épisodes qui les réactivent), les passeurs dont nous parlions plus haut peuvent aussi jouer le rôle de *gatekeeper* (gardien), par exemple en occupant le terrain médiatique sans débat contradictoire (comme Djemila Benhabib au Québec, souvent invitée seule à de très rares exceptions près pendant le débat autour du projet de Charte). L'omniprésence d'Élisabeth Badinter dans les discussions sur les signes religieux depuis 1989 a pu opérer dans ce même registre. Cette figure est essentielle à la compréhension de la distribution des positions, dans un débat d'autant plus polarisé que des enjeux sécuritaires lui sont greffés depuis 2015 en France comme au Québec, notamment dans le contexte de la mise en œuvre des politiques de lutte contre la radicalisation menant à la violence. Ainsi, autour des questions de laïcité et d'accommodements raisonnables en France et au Québec, les mêmes pôles antithétiques émergent : l'islamo-gauchisme et la posture inclusive/pluraliste s'opposent aux tenants d'un discours nationalo-identitaire et laïciste.

Dans quelques rares cas, la circulation entre France et Québec peut permettre à certains protagonistes de ces scènes polarisées de gagner en crédibilité et en légitimité à la faveur d'une reconnaissance à l'étranger. En octobre 2012, la québécoise Djemila Benhabib, pourfendeuse des accommodements raisonnables, est récipiendaire du Prix international de la laïcité, récompense décernée chaque année par le Comité laïcité République, un regroupement associatif français se revendiquant d'un « humanisme laïque » et militant pour une compréhension républicaine de la laïcité. En janvier 2017, l'auteure est à nouveau mentionnée dans la campagne pour l'élection présidentielle française : Yvette Roudy, ancienne ministre de la Condition féminine de François Mitterrand, adresse une lettre au candidat socialiste Benoît Hamon lui signifiant qu'elle ne votera pas pour lui en raison de sa défense du port du foulard, écrit-elle dans sa lettre, lui recommandant la lecture des œuvres de Djemila Benhabib.

VIDER LES MOTS DE LEUR SENS

Certains termes (laïcité, accommodements raisonnables) en viennent donc à « parler d'eux-mêmes », sur le mode de l'évidence, tant ils résonnent avec des interprétations devenues familières, des représentations dominantes, des commérages actifs. Des faits, issus par exemple de la comparaison savante, ne semblent plus en mesure de faire preuve, paraissent condamnés à s'inscrire dans une interprétation publique déjà stabilisée et établie en quelque sorte. Ils deviennent alors ce que Dulong appelle des « opérateurs de factualité » qui provoquent « *dans certaines circonstances* une impression d'évidence susceptible de bousculer, sinon de rendre caduque, la critique rationnelle » (Dulong, 1997, p. 68). Le contexte et des « circonstances spéciales » affectent directement la façon dont un élément de preuve sera lu, indépendamment de ses significations, souvent multiples, et subordonné au récit dominant sur le sujet. Cela peut, par exemple se traduire par la réduction de la laïcité à l'idée de neutralité ou au principe de séparation, ou encore à sa mise en équivalence avec disparition du religieux de l'espace public. De l'autre côté de l'Atlantique, cette réappropriation des notions se traduit par une assimilation courante entre accommodements raisonnables et régression sur le front de l'égalité des droits.

Plusieurs travaux précisent ce lien entre les discours médiatiques, les perceptions publiques et les représentations sociales (Leclerc, 2013). Ils soulignent par exemple la façon dont certains acteurs médiatiques parviennent à concentrer l'attention du public sur les facteurs aggravants d'une situation (Gilliam et Iyengar, 2000 ; Doob and Roberts, 1984). La déconnexion entre les faits et leur représentation médiatique se manifeste d'abord par un effet démultiplicateur, c'est-à-dire par une accumulation de discours sur un même fait qui a pour conséquence de le diluer au point de le rendre imperceptible parmi une marée d'interprétations[34].

En France, l'omniprésence de discussions publiques sur la laïcité ne signifie pas meilleure compréhension du terme. Alduy analyse ainsi la façon dont, comparativement à son père, Marine Le Pen développe un lexique propre dans lequel des termes, comme celui de République ou de laïcité, sont surinvestis. Entre 2011 et 2013, le mot « laïcité » apparait dans 25 % de ses interventions (contre 2 % pour les discours de son père entre 1990 et 2005). Cette « OPA sémantique sur la laïcité », dit Alduy, n'est pas que statistique, elle touche aussi le sens du terme et son domaine d'application. Lors du débat de la campagne pour l'élection présidentielle de 2017, la candidate du Front national a, en différentes occasions publiques, réitéré son souhait de voir la laïcité (définie comme absence de religion) appliquée à l'ensemble de l'espace public. Tout comme notre corpus de presse le montre, au sujet de la référence aux accommodements raisonnables en France ou de la laïcité au Québec, l'invocation de la laïcité s'appuie sur une référence dominante à l'islam, qui ne distingue pas ici fondamentalement les usages frontistes de ceux d'autres locuteurs (Alduy, 2016, p. 22)[35].

---

34 Cette surmédiatisation n'aide pas toujours à la connaissance et entretient d'une certaine façon des marges d'erreur dans la perception de la réalité chiffrée de certains faits sociaux. Nardelli et Arnett parlent à ce propos d'un indice d'ignorance qui renvoie à l'idée que sur des sujets d'actualité (les « mères adolescentes », le nombre d'immigrants / de musulmans dans une société donnée) dont elles ont connaissance par les médias, les personnes interrogées manifestent une ignorance des faits en donnant des chiffres très surestimés des réalités dont il est question. Ces thèmes sont très souvent des enjeux centraux dans les campagnes électorales. George Arnett and Alberto Nardelli, « Today's key fact : you are probably wrong about almost everything », *The Guardian*, 29 octobre 2014, En ligne : http://www.theguardian.com/news/datablog/2014/oct/29/todays-key-fact-you-are-probably-wrong-about-almost-everything?CMP=fb_gu (consulté le 15 juin 2017).

35 « La proportion relative, dans notre corpus, de l'utilisation du champ lexical de la chrétienté ("catholicisme", "protestants", etc.) comparé à celui de l'islam ("musulman", "islamiste", "islamique", etc.) est de 1 à 29 ; entre le judaïsme et l'islam, elle est de 1 à 12. »

CONCLUSION

Contraster les politiques publiques françaises et québécoises de régulation de la diversité religieuse repose sur une dynamique d'essentialisation de leurs concepts juridiques clefs, la laïcité et les accommodements raisonnables. Cette essentialisation, conçue comme une vision statique de notions historiques et ancrées, est le fait d'une variété d'acteurs et se déploie dans plusieurs arènes, institutionnalisées ou non. La mise en contraste des cas français et québécois ne requiert aucune expertise scientifique et se nourrit très efficacement des savoirs que chacun peut souhaiter mobiliser sur un sujet de société.

Nous avons ici développé l'hypothèse que le « commérage », comme modalité de communication et d'interaction sociale, favorise la circulation des opinions des uns et peut parfois confirmer les convictions des autres, les différences de statuts (la positionnalité) et de savoirs ayant pratiquement peu d'importance pour l'indexation d'une validité ou d'une autorité des propos tenus. Les participants à la conversation sur les sujets qui nous intéressent dans ce texte jouissent de fait d'une relative égalité de prise de parole sur le sujet, sans être nécessairement des pairs et alors même que la portée de l'expression sur l'une ou l'autre des scènes médiatiques est très variable. Ce point a son importance car il permet de comprendre la sédimentation d'un lexique, la diffusion de certitudes et la prise au sérieux des affirmations de pamphlétaires, voire leur mise en équivalence avec des expertises universitaires, par effet de la convergence des opinions politiques des auteurs. La carte des territoires lexicaux et les univers sémantiques qui leur sont rattachés sont donc relativement stabilisés en France comme au Québec. Les références réciproques (au Québec à la laïcité, en France aux accommodements raisonnables) sont des ressources stratégiques désormais banalisées, notamment lorsque les controverses s'enflamment. *In fine*, le processus d'essentialisation produit un effet particulièrement puissant de vérité et d'autorité (la laïcité c'est ça, les accommodements raisonnables font ceci) chargé d'évaluations normatives. Si la notion d'accommodement raisonnable canadien est mobilisée de façon caricaturale et négative en contexte français (comme un « repoussoir » en somme) par les protagonistes d'une laïcité « pure » (de Badinter à Valls), celle de laïcité française est à l'inverse investie d'une charge symbolique positive et inspirante dans le débat québécois, se trouvant majoritairement présentée comme « le modèle » qu'il serait bon de mettre en œuvre dans le camp des animateurs du pôle identitaro-nationaliste (de Bock-Côté à Lisée).

Au-delà des prises de positions ponctuelles et de la charge politique des épisodes de controverses, il serait pertinent de compléter cette première esquisse par une cartographie précise des pratiques qui, localement par exemple, se mettent en place sur des terrains où les polarisations se manifestent au concret et l'essentialisation s'incarne dans des décisions, dans des pratiques. Que devient alors le commérage médiatique ? Quel est son impact ? Comment est-il « saisi » par des acteurs des services de première ligne, en matière de santé ou d'éducation par exemple ?

Valérie AMIRAUX
Université de Montréal

David KOUSSENS
Université de Sherbrooke

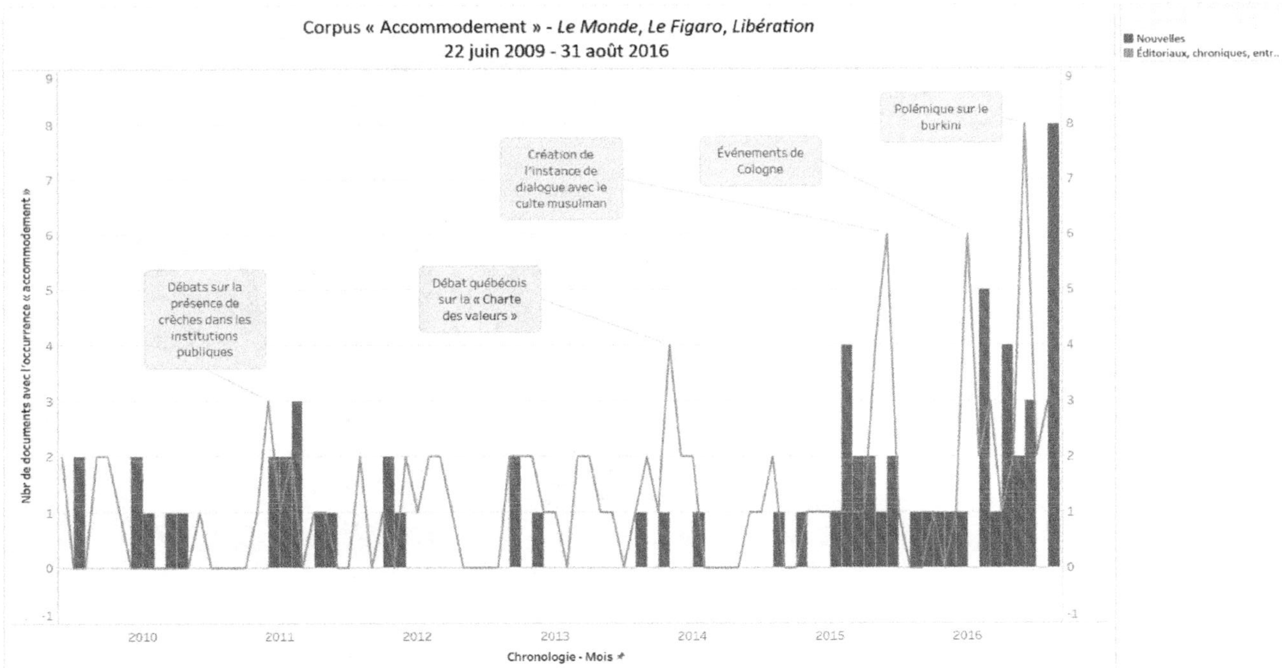

FIG. 1 – Chronologie de l'occurrence « accommodement(s) raisonnable(s) » dans *Le Monde, Le Figaro* et *Libération* (2009-2016).

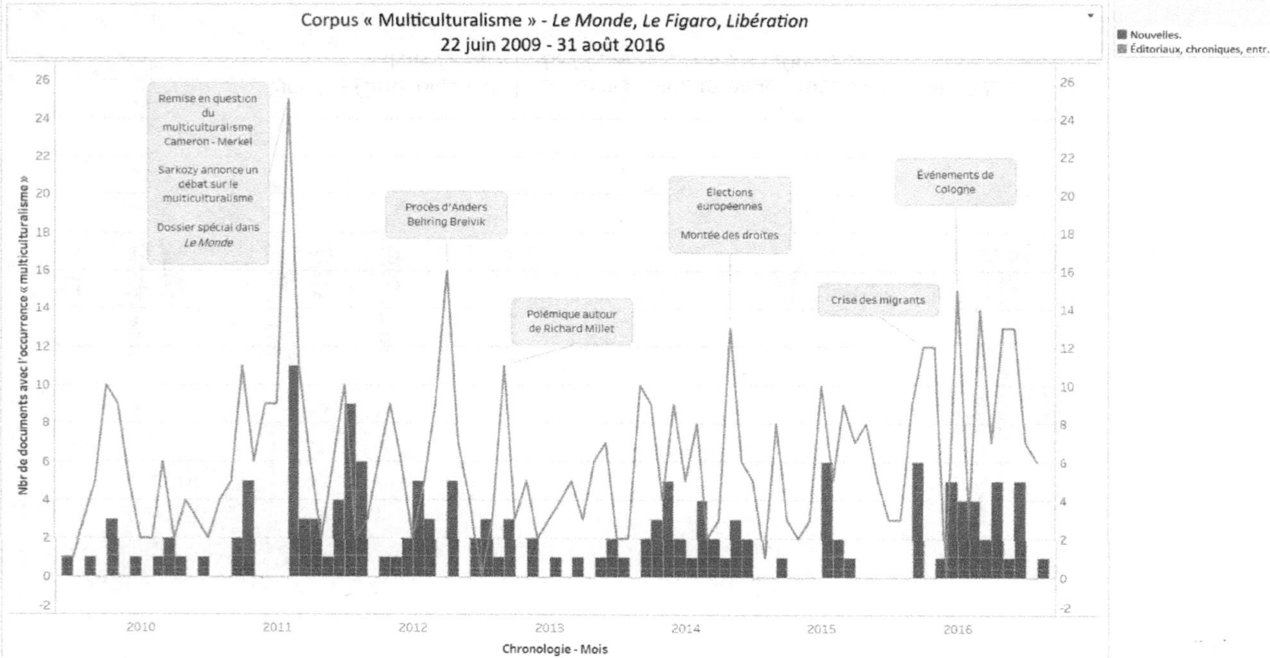

FIG. 2 – Chronologie de l'occurrence « multiculturalisme » dans *Le Monde, Le Figaro* et *Libération* (2009-2016).

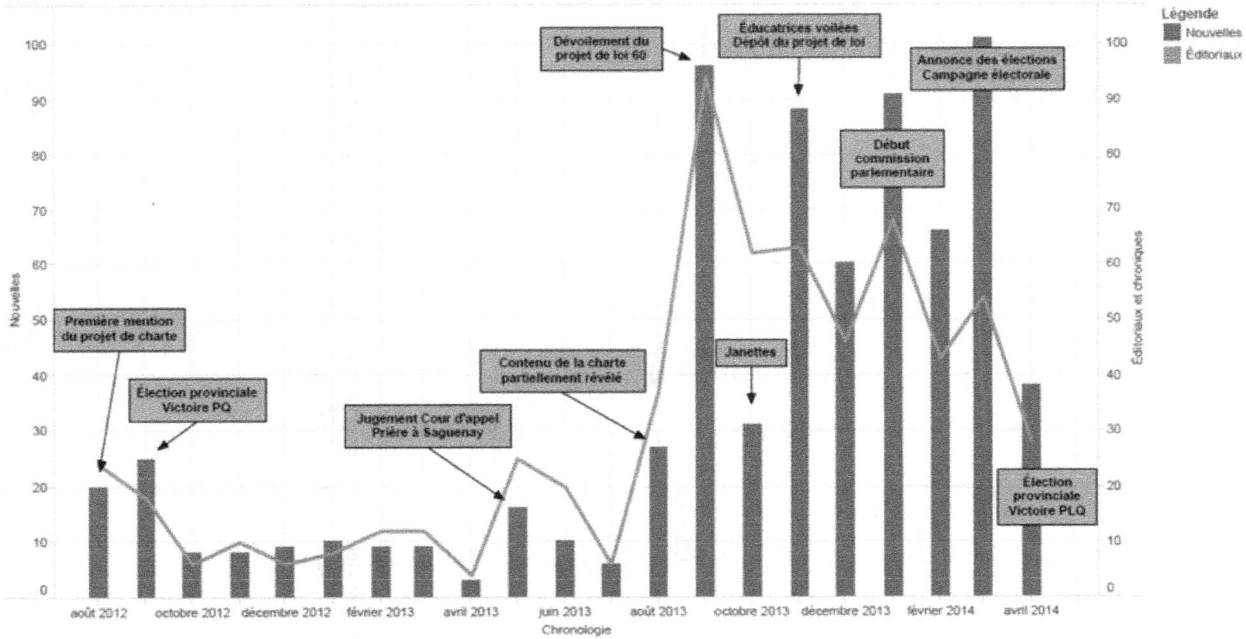

FIG. 3 – Chronologique de l'occurrence « laïcité »
dans *Le Devoir, La Presse, Le Journal de Montréal* (2012-2014).

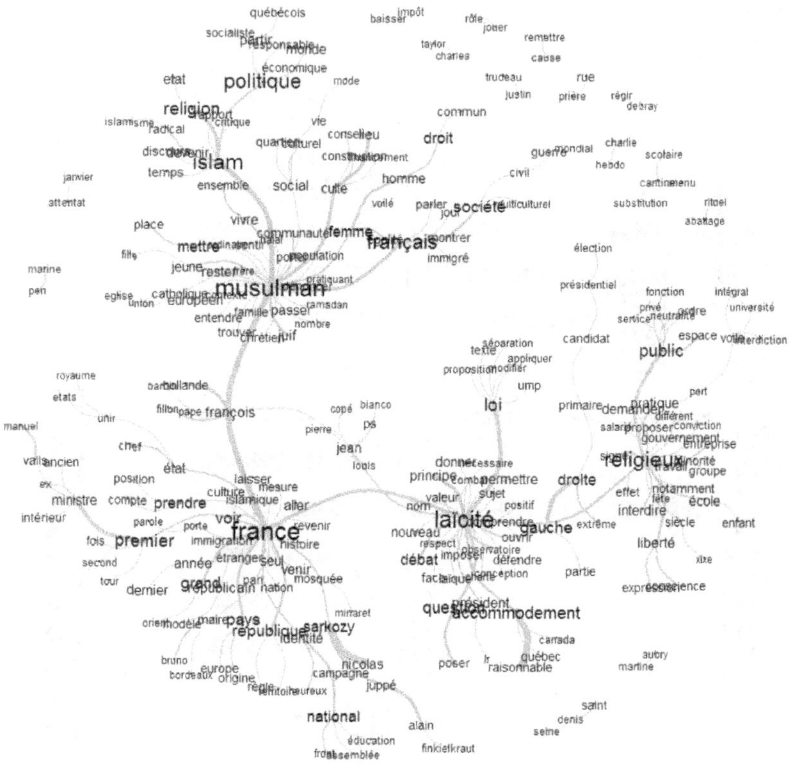

FIG. 4 – Analyse des similitudes du sous-corpus « accommodement(s) raisonnable(s) » dans *Le Monde, Le Figaro* et *Libération* (2009-2016)[36].

36 Une arrête correspond à minimum 10 cooccurrences. La largeur de l'arrête représente la quantité d'occurrences. L'éloignement des formes ne correspond à aucune donnée statistique.

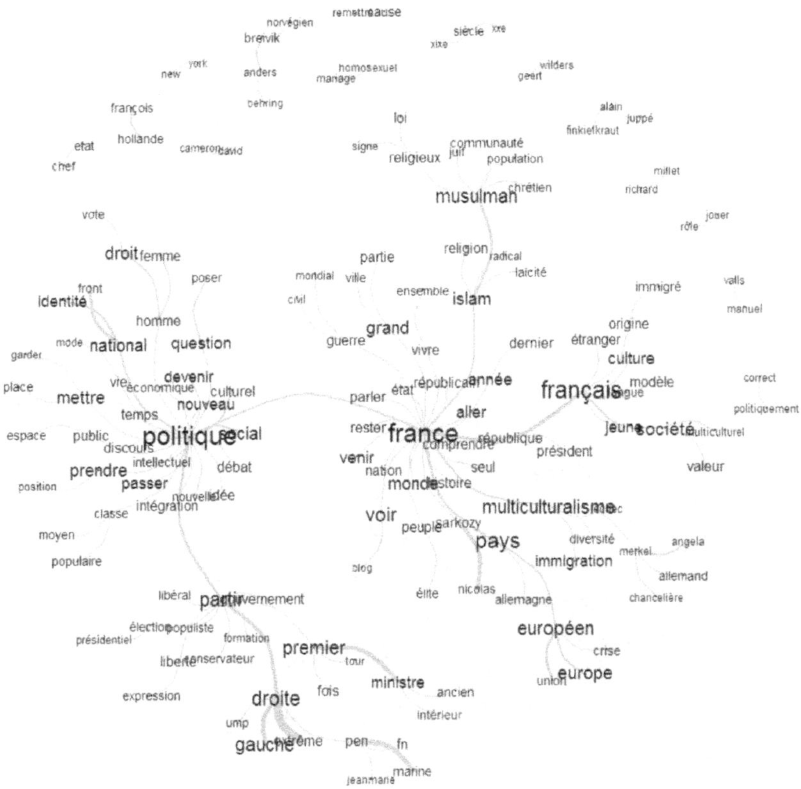

FIG. 5 – Analyse des similitudes du sous-corpus « multiculturalisme » dans *Le Monde, Le Figaro* et *Libération* (2009-2016)[37].

37 Une arrête correspond à minimum 40 cooccurrences. La largeur de l'arrête représente la quantité d'occurrences.

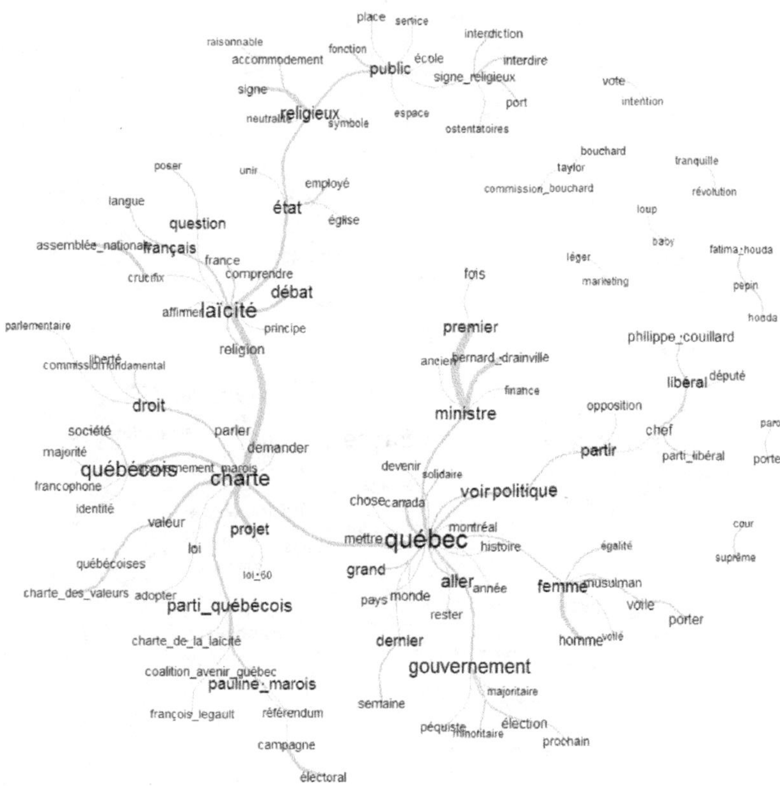

FIG. 6 – Analyse des similitudes du sous-corpus « laïcité » dans *Le Devoir, La Presse, Le Journal de Montréal* (2012-2014)[38].

38 Une arrête correspond à minimum 50 cooccurrences. La largeur de l'arrête représente la quantité d'occurrences.

LE VOCABULAIRE ENFANTIN DE LA LAÏCITÉ

Une enquête auprès d'écoliers bordelais

En France, l'école est un terrain particulièrement pertinent pour observer l'évolution des vocabulaires de la laïcité. Institution en charge de la socialisation, elle transmet, à travers des mécanismes de transposition didactique (Chevallard, 1985), les mots du politique (Bozec, 2010). L'étudier permet donc de saisir les modalités de la circulation, vers les plus jeunes, des lexiques élaborés par les adultes. L'école est aussi, en tant qu'espace principal d'application des décisions politiques récentes sur la laïcité, un espace où les personnels éducatifs « bricolent » (Perrenoud, 1983) des discours pour accompagner et justifier l'incorporation des nouvelles normes. Enfin, si l'on considère que les enfants ont une part d'agentivité, c'est-à-dire une capacité créative à reconfigurer les ressources fournies par les adultes (Maurer, 2000, p. 60-61 ; Sirota, 2006), l'école est également un endroit où l'on peut tenter d'approcher la manière dont les élèves élaborent leur propre discours sur la laïcité à un moment de leur vie où ils commencent à produire des jugements politiques. C'est dans cette dernière perspective que se situe cette contribution.

En contexte français, on dispose déjà d'enquêtes permettant de saisir le vocabulaire de la laïcité des collégiens. Dans le cadre du projet européen REDCO[1], Bérengère Massignon s'était spécifiquement intéressée, à travers des entretiens avec des collégiens franciliens, au rapport des adolescents à la laïcité. Il ressortait de l'enquête, menée en 2007-2008, que les adolescents associaient ce principe à « un ensemble de valeurs comme le pluralisme, la tolérance et l'éthique de la discussion [...] plus

1 REDCO est l'acronyme de Religion in Education. A contribution to Dialogue or a factor of Conflict in transforming societies of European countries. Il a été coordonné pour la France par Céline Béraud et Jean-Paul Willaime.

qu'à l'existence d'un État arbitre surplombant le social et édictant des lois laïques fortes. » (Béraud et Willaime, 2009, p. 111)

Dans le cadre d'enquêtes menées entre 2010 et 2013 sur les appartenances ethniques et religieuses des collégiens des académies de Bordeaux et de Marseille, Jean-François Bruneau relevait que 27 % des 967 élèves interrogés par questionnaire développaient un discours rigide sur la laïcité, 28 % un discours souple et 44 % un discours intermédiaire[2]. Il mettait à jour une forte corrélation entre les engagements religieux et le vocabulaire employé : « les croyants se situent majoritairement dans une vision *souple* de la laïcité, la catégorie *rigide* accueillant plutôt leurs pairs non-croyants ou indécis (Bruneau, 2016, p. 176). »

Je voudrais ici m'intéresser aux élèves plus jeunes, ceux de la fin de l'école primaire, inscrits dans les classes de CM1 et de CM2, c'est-à-dire âgés de 9 à 11 ans. À dire vrai, le choix de cette tranche d'âge souvent négligée par les enquêtes s'explique moins par une volonté de combler un trou documentaire que par la contingence de ma vie professionnelle. Dans le cadre d'un dispositif de formation continu des enseignants du premier degré, j'ai coordonné, en 2016-2017 à Bordeaux, un projet de recherche-action intitulé « L'école élémentaire française face à la diversité des convictions ». Dans ce cadre, sept des participants, professeurs en CM1 et CM2 ou conseillers pédagogiques[3], ont élaboré un questionnaire destiné à prélever les représentations de leurs élèves sur les faits religieux et la laïcité. Même si ce questionnaire n'a pas été pensé dans un but de recherche académique, il m'a semblé, en historien habitué à documenter le passé à partir de matériaux non destinés à cet usage, qu'il pouvait, *a posteriori*, constituer une source pertinente et intéressante pour étudier le vocabulaire de la laïcité à un âge de la vie où la socialisation politique est déjà à l'œuvre (Throssell, 2015, p. 156-157 ; Percheron, 1993).

Si j'ai abordé ce matériel en historien, le détournant de sa finalité initiale, je me suis appuyé, pour tenter de l'interpréter, sur les travaux menés en science politique, en sociologie et en ethnologie sur les représentations politiques et sociales des enfants, impulsés en France par

2 Le discours rigide est notamment hostile à toute visibilité du religieux dans l'espace public, ainsi qu'à tout accommodement des règles générales pour raisons religieuses. Le discours souple est au contraire favorable à une laïcité libérale.

3 Laetitia Ansonera, Anne-Sophie Arnaudin, Sonia Hondusse, Nathalie Lapeyrere, Audrey Lavallade, Yann Naour, Pierre Vasseur. Je leur adresse ici tous mes remerciements.

Annick Percheron (1974) et récemment réinvestis par Damien Boone (2013), Wilfried Lignier et Julie Pagis (2017).

Après avoir présenté les conditions de production des données utilisées, j'analyserai dans quelle mesure les répondants disposent d'un vocabulaire de la laïcité et quels sont les contenus et les jugements de valeur qui le caractérisent.

L'ÉLABORATION DU QUESTIONNAIRE

Initialement, j'avais proposé au groupe de formation un projet d'enquête qui transposerait en CM1-CM2 celle que Jean-François Bruneau avait conduite en collège : il visait à établir des corrélations entre affiliations religieuses, représentations sur le fait religieux et la laïcité et sentiment d'inclusion à l'école. Je l'ai abandonné car il a suscité de vives résistances chez au moins deux des participants qui craignaient qu'en permettant aux élèves d'écrire leur appartenance religieuse en classe, on ne permette indirectement l'entrée de la religion, notamment musulmane, dans une enceinte scolaire vue comme assaillie par le fondamentalisme. Le religieux étant perçu comme une matière radioactive dont il fallait protéger l'école grâce au sarcophage de la laïcité, cette première version du projet apparaissait à certains comme un dangereux cheval de Troie. J'ai donc proposé au groupe d'étudier les représentations des élèves sur le fait religieux et la laïcité sans chercher à les relier à leurs propres convictions.

Lors de l'élaboration du questionnaire, l'intériorisation des réticences vis-à-vis de l'identification convictionnelle des élèves a produit une forme d'auto-censure sur tout ce qui aurait permis de préciser le profil des répondants. Consciemment ou inconsciemment, le groupe de formation s'est placé dans un paradigme républicain pour lequel l'institution scolaire est « aveugle aux différences » (Beauchemin, 2016), déconnecte les savoirs de l'élève de son parcours personnel et valorise une citoyenneté autonome et individuelle (Bozec, 2014, p. 57).

Malgré cette lacune importante, qui interdit de croiser les discours produits avec les différentes variables socioculturelles, le questionnaire, qui a bénéficié de l'expertise pédagogique des enseignants, n'est pas sans intérêt pour approcher un public enfantin dont le répertoire langagier a ses propres spécificités (Danic, Delalande et Rayou, 2006 ; Delalande, 2001). Ses différentes entrées permettent en effet aux répondants d'associer des types de mots variés à ce principe : après quatre premières questions portant sur le fait religieux, la question 5 (« Pour toi qu'est-ce que la laïcité ? ») se situe sur un registre conceptuel tandis que les questions 6 (« D'après toi, comment s'applique la laïcité à l'école ? ») et 7 (« Donne des exemples ») se placent au niveau du vécu et du concret de l'élève. La question 8 (« Qu'en penses-tu ? ») requiert l'expression d'une évaluation. Ces différentes possibilités offrent davantage de chances à l'élève d'exprimer, en fonction de ses ressources et de sa capacité d'abstraction, son vocabulaire de la laïcité.

LES CONDITIONS DE L'ENQUÊTE

Produit le 4 janvier 2017, le questionnaire n'a été administré que six semaines plus tard. La Direction des services départementaux de l'Éducation nationale s'est en effet montrée embarrassée par son contenu. La réticence de l'institution éducative vis-à-vis de toute enquête concernant de près ou de loin la politique et la religion est loin d'être inédite (Boone, 2013, p. 138-140). En 1970, Annick Percheron, pionnière française des études sur la socialisation politique des enfants, eut toutes les peines du monde à trouver des établissements dans lesquels elle puisse distribuer son questionnaire. Il lui fallut trois mois de démarches pour obtenir, de la hiérarchie de l'enseignant volontaire qu'elle avait contacté, l'autorisation de mener une expérience limitée à trois classes. Au-delà du fait que s'intéresser aux convictions soit, dans une certaine mesure, antinomique avec la culture scolaire française, il y a aussi, dans la résistance de l'Éducation nationale à ce genre d'enquêtes, une crainte des réactions parentales. De fait, dans l'autre école où Annick Percheron avait commencé son enquête sans un travail préalable de déminage, l'expérience avait dû s'arrêter au bout d'un jour, le directeur étant assailli par les coups de téléphone (Percheron, 1974). En 2017, dans un contexte post-attentats, cette résistance traditionnelle de l'institution était amplifiée par la perception de la question religieuse comme ultra-sensible. Certains parents risquaient d'interpréter l'enquête comme une tentative d'intrusion et de contrôle de la conformité républicaine de l'éducation qu'ils donnaient à leurs enfants, d'autant que, le questionnaire étant distribué et collecté par le maître ou la maîtresse de leurs enfants, les répondants pouvaient facilement être identifiés. Une protestation d'enseignants, relayée par les syndicats, était peut-être aussi crainte.

Sur le moment, ces embarras m'ont découragé. J'avais l'impression que mon projet initial était complètement vidé de sa substance, une première fois par les membres du groupe de formation, qui m'avaient poussé à évacuer la variable convictionnelle, une seconde fois par l'inspection, qui faisait des difficultés à diffuser un questionnaire qui se bornait à prélever les connaissances des élèves sur les faits religieux et la laïcité. Après coup, j'ai pris conscience que ce qui m'apparaissait comme un principe de précaution stérilisant n'était peut-être pas infondé. La polémique à propos d'une enquête élaborée par des enseignants-chercheurs de l'université de Corse, qui visait à sonder anonymement des élèves de primaire et du secondaire sur leurs croyances religieuses et celles de leurs parents, montrait que le sujet était effectivement hautement inflammable. Pour apaiser les esprits, le recteur de l'académie de Corse avait interdit la diffusion du questionnaire[4].

À Bordeaux la situation s'est débloquée grâce à l'initiative d'un inspecteur qui a proposé une solution permettant de protéger l'institution scolaire : la distribution du questionnaire serait précédée de la diffusion d'une lettre aux parents dans laquelle j'expliquerais que l'enquête, préservant l'anonymat des élèves, serait analysée dans un cadre universitaire et à des fins de formation. *In fine*, la négociation des modalités de l'enquête avec les acteurs de l'Éducation nationale a permis d'accéder, dans des conditions sereines, à une population scolaire relativement nombreuse et diversifiée, répartie dans sept classes de cinq écoles très différentes de Bordeaux[5].

Les enseignants qui avaient élaboré le questionnaire l'ont fait passer à leurs élèves entre le 14 février et le 8 mars 2017. Nous avions convenu

4 « "Est-ce que tu crois en Allah, Dieu ou Yahvé ?" : En Corse, une enquête destinée aux élèves crée la polémique », *Le Monde* [en ligne], 20 mars 2017 (consulté le 15 juin 2017).

5 L'enquête de Wilfried Lignier et de Julie Pagis, beaucoup plus approfondie quant à l'étude des convictions politiques et religieuses des enfants, ne s'est déroulée que dans deux écoles parisiennes, dont l'une présente un profil très particulier puisque son projet pédagogique spécifique crée un univers culturel de gauche partagé entre les enseignants et les parents d'élèves.

que les notions de laïcité ne seraient pas spécifiquement abordées en classe auparavant, afin que les représentations prélevées ne soient pas directement influencées par le discours de l'enseignant.

LES CARACTÉRISTIQUES DES RÉPONDANTS

La population enquêtée compte une majorité d'élèves de CM2 (118) et une minorité d'élèves de CM1 (42). S'il est impossible, faute de données, de dresser son profil socio-culturel, on peut analyser l'environnement dans lequel elle évolue (Percheron, 1974, p. 213)[6].

Les cent soixante individus qui composent l'échantillon ont en commun d'être scolarisés à Bordeaux, ville dont le maire, Alain Juppé, et son équipe promeuvent, par différents discours et initiatives, une conception ouverte de la laïcité, conçue non pas « comme une neutralité d'abstention mais comme l'accueil de la diversité des croyances » (Fetouh, 2016, p. 309). La municipalité a installé un conseil interreligieux et citoyen des six principaux cultes et promeut les initiatives interconvictionnelles, notamment chez les jeunes, à travers l'organisation d'une Quinzaine de l'égalité et de la diversité. Au niveau de l'école primaire, la ville a financé des ateliers de l'association « Enquête » qui visent à faire découvrir aux élèves, sur le temps périscolaire, à travers le jeu, les grandes religions et la laïcité. Elle fournit et organise des menus de substitution pour ceux qui ne veulent pas manger de viande. Les écoliers interrogés sont donc tous insérés dans une métropole dont les autorités promeuvent une laïcité inclusive, et dans laquelle les tensions identitaires sont très faibles (Tournier, 2016, p. 24-27).

Au-delà de ce point commun, les élèves se rattachent à cinq écoles dont les environnements diffèrent profondément. Les informations données par les enseignants ainsi que les résultats au premier tour des présidentielles d'avril 2017 dans chacune de ces écoles (transformées en bureau de vote lors des élections) documentent cette hétérogénéité.

6 Selon Annick Percheron, l'influence de l'environnement de l'école sur les réponses des élèves est supérieure à celle de l'appartenance aux classes sociales.

		% participation	Dupont-Aignan	Le Pen	Macron	Hamon	Arthaud	Poutou
France entière		75,77	4,7	21,3	24,01	6,36	0,64	1,09
Bordeaux		77,61	2,31	7,39	31,26	10,06	0,28	1,22
École A	G1	71,19	3,12	14,76	22,37	11,19	0,51	1,53
École B	G2 et G3	80,93	2,35	5,42	29,8	9,03	0,12	0,9
École C	G4 et G5	71,12	2,03	11,42	28,39	12,9	0,65	2,03
École D	G6	78,92	1,86	8,47	32,09	10,16	0,42	2,12
École E	G7	75,03	0,67	4,7	22,12	16,36	0,21	2,33
		% participation	Cheminade	Lasalle	Mélenchon	Asselineau	Fillon	
France entière		75,77	0,18	1,21	19,58	0,92	20,01	
Bordeaux		77,61	0,14	1,22	23,4	0,91	21,8	
École A	G1	71,19	0,28	2,1	36	1,14	6,98	
École B	G2 et G3	80,93	0,06	1,38	17,94	0,3	32,69	
École C	G4 et G5	71,12	0,18	1,25	30,93	1,29	8,92	
École D	G6	78,92	0,17	1,19	28,54	0,25	14,73	
École E	G7	75,03	0,11	0,71	45,27	0,81	6,71	

FIG. 1 – Résultats du premier tour de l'élection présidentielle de 2017 dans les cinq écoles objet de l'enquête. Source : mairie de Bordeaux.

L'école A est sortie tout récemment du dispositif de l'éducation prioritaire (qui, en France, cible les établissements concentrant les élèves victimes des inégalités sociales et économiques). Les enfants font majoritairement partie de familles des classes moyennes inférieures ou défavorisées. Du point de vue ethnique, l'école accueille des enfants d'origines française, bulgare et maghrébine. Sur le plan politique, par rapport à la moyenne bordelaise, les votes Le Pen et Mélenchon sont surreprésentés.

L'école B est située dans un quartier très privilégié de Bordeaux. Les enfants sont issus de familles avec des capitaux culturels et financiers élevés. Ils sont pratiquement tous d'origine française et ont relativement peu l'occasion d'être confrontés à la diversité culturelle, ethnique et religieuse. Le vote Fillon y est très fort.

L'école C est située à côté d'un grand ensemble concentrant des populations défavorisées issues de l'immigration maghrébine et africaine. Les parents des pavillons choisissent de contourner la sectorisation en scolarisant leurs enfants dans le privé ou dans d'autres écoles publiques, par dérogation. La population scolaire est socialement homogène et l'école fait partie d'un Réseau d'éducation prioritaire. Au premier tour de la présidentielle, ce sont Le Pen, Hamon et Mélenchon qui font de bons scores.

L'école D n'est pas très loin de l'école C et fait partie du même Réseau d'éducation prioritaire, mais connaît une dynamique de gentrification liée à la requalification urbaine du quartier : des populations exerçant des métiers créatifs, à fort capitaux culturels, commencent à scolariser leurs enfants dans l'école. Macron et Mélenchon font ici de très bons scores par rapport à la moyenne bordelaise.

Enfin, l'école E est située dans un quartier du centre de Bordeaux qui, historiquement, est un espace d'accueil pour les nouveaux arrivants. La rencontre des cultures et des religions est facilitée par l'existence d'une grande place centrale. Si des immigrants continuent de s'y installer, les enseignants de l'école notent, en parallèle, un processus d'embourgeoisement se traduisant par l'arrivée d'une « classe moyenne un peu artiste », selon l'un des membres de l'équipe pédagogique. Au premier tour de la présidentielle, Mélenchon y a fait 45,27 % suivi par Hamon à 16,36 %.

LA MAÎTRISE D'UN VOCABULAIRE DE LA LAÏCITÉ

La variable de l'environnement, tout comme celle de l'âge, influent sur les réponses des élèves, qui ont été compilées et analysées pour chaque groupe classe.

	nombre d'élèves ayant répondu à au moins une question sur la laïcité	(%)	nombre d'élèves n'ayant répondu à aucune des quatre questions sur la laïcité*	(%)
G1 (A)	20	100,00	0	0,00
G2 (B)	27	79,41	7	20,59
G3 (B)	14	66,67	7	33,33
G4 (C)	17	80,95	4	19,05
G5 (C)	11	61,11	7	38,89
G6 (D)	21	87,50	3	12,50
G7 (E)	20	90,91	2	9,09
TOTAL	130	81,25	30	18,75
	nombre d'élèves ayant répondu à au moins une question sur la religion	(%)	nombre d'élèves n'ayant répondu à aucune des quatre questions sur la religion	%
G1 (A)	20	100,00	0	0,00
G2 (B)	32	94,12	2	5,88
G3 (B)	21	100,00	0	0,00
G4 (C)	21	100,00	0	0,00
G5 (C)	18	100,00	0	0,00
G6 (D)	24	100,00	0	0,00
G7 (E)	22	100,00	0	0,00
TOTAL	158	98,75	2	1,25

FIG. 2 – Maîtrise d'un vocabulaire de la laïcité : résultats globaux et par groupes classe (* ou ayant marqué « je ne sais pas » ou « je ne sais plus »).

Concernant l'existence, ou non, d'un vocabulaire de la laïcité, 81 % des enquêtés répondent à au moins une des quatre questions sur la laïcité[7]. La capacité à énoncer du vocabulaire lié à la laïcité est donc largement partagée, mais elle est néanmoins moins répandue que l'aptitude à écrire sur la religion, sujet de la première partie du questionnaire, pour lequel 99 % de l'échantillon avait répondu à au moins une des quatre questions. On peut faire l'hypothèse que dans son processus de socialisation par la famille et par les pairs, le mot « religion » est croisé plus précocement par l'enfant. On peut supposer par ailleurs que l'intérêt que les enfants portent aux religions est supérieur à celui qu'ils ont pour le dispositif politique que constitue la laïcité. La réticence et le peu d'intérêt des enfants pour les questions politiques, vues comme relevant du monde des adultes, ont été en effet plusieurs fois relevés dans les enquêtes empiriques (Percheron, 1974, p. 66 ; Lignier et Pagis, 2017, p. 223-232).

Dans le détail, le taux de réponse tend à décroitre avec l'ordre des questions : 64 % des élèves ont répondu à la question « Pour toi qu'est-ce que la laïcité ? », 61 % à la question « Comment s'applique-t-elle à l'école ? », 50 % à la question « Donne des exemples » et 59 % à la question « Qu'en penses-tu ? » placée tout en bas. La disposition des questions explique sans doute partiellement ces résultats sur lesquels on se gardera de trop extrapoler.

Dans la maîtrise d'un vocabulaire de la laïcité, l'âge paraît jouer un rôle important. Dans l'école B, 79 % des CM2 répondent à une question contre 66 % des CM1 soit treize points d'écart. C'est la question « Pour toi qu'est-ce que la laïcité ? » qui est la plus discriminante (26 points d'écarts) alors que « D'après toi comment s'applique la laïcité à l'école ? », « Donne des exemples » et « Qu'en penses-tu ? » ne génèrent que 14, 11 et 13 points d'écarts. Les enseignantes de l'école, observant ce résultat, le corrèlent avec la différence de maturité qu'elles observent entre les CM1 et les CM2, comme si les élèves franchissaient un seuil de développement entre les deux classes. Le fait que la question la plus conceptuelle, « Pour toi qu'est-ce que la laïcité ? », suscite le plus grand écart entre CM1 et CM2 pourrait manifester un saut qualitatif dans l'approche du concept « laïcité », appréhendé non plus à travers l'un

7 On a compté comme non-répondants non seulement les élèves qui laissent les lignes vides mais aussi ceux qui répondent « je ne sais pas » ou « je ne sais plus » ou qui raturent un élément de réponse sans réécrire d'autres mots.

de ses traits jugés caractéristiques ou un jugement de valeur mais de manière abstraite, sous le mode d'une définition (Barth, 1987).

Le profil socio-culturel des écoles est également un facteur de différenciation dans la maîtrise ou non du vocabulaire de la laïcité, mais il ne joue pas de manière univoque. D'un côté, la classe dans laquelle le pourcentage d'élèves ne répondant à aucune question est le plus fort (G5 : 39 %) appartient à l'école C dont la population scolaire est à très forte majorité défavorisée et d'origine immigrée. L'autre classe de cette école obtient un taux de non-réponse proche de la moyenne (G4 : 19 %) mais, en réalité, l'enseignante a dû écrire une définition de la laïcité au tableau pour débloquer une situation dans laquelle la plupart des élèves étaient incapables d'écrire. On relève par ailleurs dans les questionnaires de ces deux groupes un nombre plus important de réponses raturées. Cette observation confirmerait les travaux corrélant origine sociale, intérêt pour le politique et sentiment de légitimité à s'exprimer sur le politique (Lignier et Pagis, 2017, p. 226).

D'un autre côté, les écoles en situation de mixité sociale, culturelle et ethnique (A, D et E) obtiennent des taux de réponse supérieurs à ceux de l'école favorisée et ethniquement homogène (B), qui a elle-même des résultats supérieurs à ceux de l'école C. La variable socio-économique jouerait donc, mais serait pondérée par la diversité de l'environnement scolaire, qui fournirait aux élèves des ressources pour parler de la laïcité, dont ne bénéficieraient pas les élèves en situation d'homogénéité. Il y aurait sans doute ici un aspect à approfondir dans le cadre du paradigme de l'éducation inclusive, qui considère la diversité comme une valeur et une opportunité éducative (Potvin, 2014).

L'analyse qualitative des réponses aux questionnaires permet de saisir un autre effet de la variable socio-économique.[8] Les CM2 de l'école B (G2) fournissent, pour la question « pour toi qu'est-ce que la laïcité ? » les réponses les plus argumentées et les plus développées, employant un vocabulaire relativement précis et spécialisé. Les élèves parviennent à se « décoller » de leur expérience scolaire immédiate et à se placer à l'échelle de la société. Voici un exemple parmi d'autres :

> Pour moi la laïcité, c'est une règle qui permet à tout le monde de croire ce qu'il veut ou ce qu'il ne veut pas croire. Cette règle permet aux croyants et aux non-croyants d'aller dans des lieux publics (parc, musée, bus…) et de se retrouver.

8 Le choix a été fait de retranscrire les propos tels que rédigés par les enfants.

Les autres groupes fournissent des réponses plus courtes où le concept est présenté sous une forme plus simple et plus réductrice, et reste ancré dans le vécu scolaire ou social personnel. Deux exemples parmi d'autres : « Pour moi la laïcité c'est que les gens d'autres couleurs de peau se respect entre eux et ne pas contredire la religion d'autrui » (G1) : « La laïcité, c'est de ne pas parler de religion en classe en tout cas de ne pas faire un cours sur une en particulier » (G6)[9]. Il y a parfois des confusions entre convictions et origine géographique comme chez cet élève (G1) qui écrit que la laïcité c'est de « bien s'aimé même si on est d'un autre pays ».

Si les élèves de l'école B semblent davantage en capacité de formuler un discours savant (Cariou, 2004) sur la laïcité, dans les autres écoles, hormis l'école C, les exemples d'applications scolaires de la laïcité sont plus nombreux et plus concrets. Alors que l'élève du G2 précédemment citée pour sa définition savante de la laïcité doit faire appel à son imagination pour répondre à la question « Comment s'applique la laïcité à l'école ? » (« Et bien, on pourrait imaginer que les enseignants peuvent mettre des enfants qui ne sont pas pareilles ou qu'ils ne pensent pas exactement la même chose ou les mêmes choses que l'autre » [G2]), les élèves des autres groupes semblent mobiliser des éléments de leur expérience directe, par exemple : « on interdit les enfants à porter des insignes religieuses, les plats à la cantine et on ne pratique pas de religions à l'école ». De même, les réponses à la question « Qu'en penses-tu ? » sont plus nombreuses et plus étayées dans les écoles A, D et E (respectivement 75, 62,5 et 77 %) que dans l'école B (55,90 % pour le G2 et 42,86 % pour le G3). Un questionnaire issu du G7 illustre cette acquisition d'un savoir pratique sans acquisition préalable du savoir savant : l'élève n'y définit pas la laïcité mais est capable de décrire l'une de ses applications à l'école « par exemples, on ne peut pas venir à l'école abillier en boudisste on peut pas venir à l'école aussi avec un voilage » et d'exprimer une évaluation morale claire : « je pense que ses bien ». On rejoint ici une observation faite par Annick Percheron sur la socialisation politique différenciée des enfants des milieux populaires et des milieux aisés : chez les premiers, « la connaissance et la politisation seraient en quelque sorte plus savantes et plus intellectuelles » tandis que chez les seconds « l'apprentissage serait peut-être moins volontairement

9 Dans toutes les citations, le choix a été fait de conserver l'orthographe original des enfants.

donné par le milieu, mais se ferait plutôt par l'expérience directe ou indirecte des faits politiques et sociaux quotidiens » (Percheron, 1974, p. 226). Finalement, la politiste notait qu'il n'y avait pas de retard des enfants de milieux ouvriers dans l'acquisition d'un vocabulaire politique, la socialisation s'effectuant par d'autres chemins. Transposée à notre enquête, on pourrait dire la même chose des enfants des milieux populaires placés en situation de mixité : il n'y a pas chez eux de retard dans l'acquisition d'un vocabulaire de la laïcité par rapport aux enfants des milieux favorisés. Si leur approche est moins conceptuelle, et donc moins conforme à la culture scolaire, elle est aussi plus personnelle et plus concrète car construite à partir des pratiques.

La personnalité de l'enseignant et les dispositifs pédagogiques mis en œuvre dans l'école apparaissent comme un troisième facteur explicatif à prendre en compte. Pourtant intégrées au même réseau d'éducation prioritaire, les classes G3 (école C) et G5 (école D) sont aux deux extrêmes des taux de réponse à la question « qu'est-ce que la laïcité ? » : 14 %, score le plus bas pour le G3, et 92 %, score le plus haut pour le G5. Au-delà du fait que la mixité socio-culturelle existe à l'école D et soit absente à l'école C, la différence s'explique également par le fait que les élèves de la classe G5 aient découvert, à l'occasion d'une sortie scolaire aux archives de Bordeaux Métropole, une exposition intitulée « Aux archives citoyens », présentant notamment des documents sur la laïcisation de la société française[10]. Selon le maître, cette exposition très bien conçue, qu'il a exploitée par la suite en classe, a eu un effet important sur l'intérêt et la connaissance des enfants par rapport à tout ce qui avait un lien avec la citoyenneté.

LES CONTENUS ATTRIBUÉS À LA LAÏCITÉ

Si l'on s'intéresse à présent aux contenus attribués à la laïcité dans les réponses, on a le sentiment que les jeunes enquêtés conçoivent davantage la laïcité comme un dispositif qui génère des interdictions que comme un dispositif qui garantit des droits.

10 http://archives.bordeaux-metropole.fr/data/communique_de_presse_9_2016_1.pdf

Par exemple, dans le groupe 7 (école E), onze des vingt-deux réponses associent la laïcité à une interdiction, contre seulement quatre à une liberté. Dans le groupe 2 (école B), le rapport est plus équilibré puisque la laïcité est associée sept fois à une interdiction et six fois à une liberté. Cet écart s'explique peut-être par le fait que les enfants appartenant à la majorité culturelle, affiliés aux confessions chrétiennes ou non affiliés religieusement, sont, dans leur quotidien scolaire, moins concernés par la loi du 15 mars 2004[11] que les enfants des minorités culturelles dont les signes visibles tombent sous le coup de l'interdiction. Selon les élèves interrogés, notamment ceux du groupe 2, la laïcité génère des interdictions pour l'enseignant, tenu à un devoir de réserve : « si on parle d'une religion en classe, l'enseignante n'a pas le droit de dire ou d'insinuer que cette religion est une bonne ou une mauvaise chose » [G2] ; « un prof peu pas influencer des élèves ou se moquer de la religion de quelqu'un d'autre [...] » [G2].

Dans leur grande majorité, les élèves ne semblent pas différencier leurs devoirs de ceux du personnel éducatif[12] : « Les élèves et les enseignants n'ont ni le droit de montrer s'ils appartiennent à une religion ni le droit d'inciter d'autres personnes à croire la même chose qu'eux » (G2). Majoritairement, les élèves s'appliquent à eux-mêmes, dans le cadre scolaire (et parfois même dans l'ensemble de l'espace public), l'impératif de neutralité que générerait la laïcité.

Le premier interdit qui en découle concerne les vêtements et les accessoires. Ignorant, sauf exceptions, la distinction opérée par la loi du 15 mars 2004 entre signes religieux discrets autorisés et signes ostensibles interdits, les élèves considèrent que la laïcité implique l'absence de tout signe religieux dans l'enceinte scolaire : « on n'a pas le droit de montrer des signes qui pourrait faire penser les gens qu'on a une religion » (G2) ; « pas le droit de porter des preuvent des colliers ou des bijoux qui relie la religion » (G2) « on ne doit pas montrer de signes religieux » (G6) ; « Nous n'avons pas le droit d'avoir des objets religieux visibles » (G2) ; « on interdit les enfants à porter des insignes religieuses » (G6).

11 Qui interdit à l'école publique « le port de signes ou tenues par lesquels les élèves manifestent ostensiblement une appartenance religieuse ».

12 Une exception : « Tu peux parler de ta religion [...] mais les adultes que se soi des dames de services ou des enseignants ils n'ont pas le droit de dire leur(s) religion(s) » [G2].

Concernant la parole et les mots, les élèves appliquent le principe de neutralité d'une manière variable. Ils semblent unanimes à considérer que le prosélytisme leur est interdit : « la laïcité est le fait qu'on n'a pas le droit de dire à quelqu'un qu'il doit croire en une certaine religion » (G2) ; « la laïcité est une société où on ne doit pas dire "ma religion est meilleure que la tienne" » (G6) ; « Pour moi, la laïcité est l'interdiction de dire que sa religion est la meilleure et que les autres sont nuls » (G7).

En revanche, les enquêtés sont plus partagés sur l'idée qu'on puisse, ou non, parler, sans prosélytisme, de religion à l'école. Ils se répartissent en trois groupes. Pour un gros quart des élèves, c'est un non catégorique : « tout ce qui est personnel reste personnel. Sa ne regarde personne » (G1) ; « Non, on ne peut parler de religion à l'école parce qu'elle est laïque » (G2) ; « Non, parce que la religion ses personnel et on ne dit pas à quelles dieux on croix » (G3) ; « Dans une école laïque non, parce qu'il peut y avoir des problèmes » (G6) ; « Non parce que c'est notre religion et que personne ne doit la connaître » (G6).

Pour ces élèves, parler de religion semble générateur de désordres et de disputes. La religion doit être strictement privée et il semble dangereux d'en converser.

Un deuxième quart d'élèves adopte la position inverse, considérant qu'il est possible et même souhaitable de parler de religion à l'école : « oui, on peut en parler, c'est même un suger impératif » (G1) ; « On peut en parler dans la classe et dans la cour » (G3) ; « Oui, pour moi, on peut parler de la religion à l'école comme sa on dit notre religion il y a même des gens qui son de la même religion » (G4) ; « On peut en parler mais on ne peut pas la montrer » (G7).

Cinq élèves justifient cela par leur liberté. Quatre élèves mettent en avant que parler respectueusement de religion ne nuit à personne. Deux autres soulignent l'enrichissement que cela provoque : « Oui, car c'est bien de mettre en commun nos idées » (G2) ; « J'aime beaucoup découvrir l'histoire de plein de religions » (G7). Certains élèves s'appuient sur des éléments factuels pour justifier leur position : ils font remarquer qu'on parle de religion en histoire (G1) ou, lapsus savoureux, en « éducation civique et *mentale* [sic] » (G6). Un élève note qu'on en parle aussi pour la restauration : « On peut parler à l'école des religions parce qu'il y en a qui mangent à la cantine et qui ne mangent pas de porc » (G7). Un élève, particulièrement perspicace, écrit : « Oui, on en parle, vu que je remplis cette fiche » (G6).

Le groupe restant d'élèves, qui représente environ la moitié de l'échantillon, se positionne de manière intermédiaire et élabore une casuistique parfois déroutante selon une perspective d'adulte, opérant des distinctions en fonction des types d'écoles (religieuses/laïques, françaises / autres pays) et en fonction des lieux scolaires : l'idée « On peut pas trop en parler dans la cour, mais en classe on peut » revient, sous des formulations différentes, à cinq reprises, certains élèves précisant que c'est uniquement dans le cadre du cours d'histoire que la religion peut être abordée. D'autres critères, liés à la personnalité des différents interlocuteurs de l'école, entrent également en compte : l'ouverture d'esprit (« Selon moi, on peut parler de religion à l'école mais seulement aux gens ouverts » [G7]) ; la proximité ethnique, familiale, amicale ou religieuse (« Oui si lotre parle la même langue que toi non si il parle pas la même langue a par si il font parti de la même famille » [G5] ; « tu peux parler de ta religion à tes amis ou à des gens à qui tu peux faire confiance » [G2]). Certains élèves soulignent que la réponse dépend des modalités de la discussion : « des fois oui defoi non parce que ca peut blessé des personne mais defois oui pour mieux connaître la personne » [G5] ; « si on rentre pas dans le détagne » (G6) ; « Oui, mais on ne peut pas donner son avis car ça peut blesser des élèves mentalement » [G1].

Il semble que, dans leur majorité, les élèves aient intégré le vocabulaire de ce que Stéphanie Hennette-Vauchez et Vincent Valentin (2014) qualifient comme « la nouvelle laïcité » qui s'est traduit juridiquement, dans les lois de 2004 et 2010[13], par un déplacement de l'obligation de la neutralité convictionnelle des pouvoirs publics vers les citoyens (Baubérot, 2011 ; Koussens, 2015). L'impact de cette législation sur le vocabulaire des enfants est parfois explicite, comme dans cette réponse d'un élève qui définit notamment la laïcité comme « une loi [...] qui interdit de porter des signes grands dans les lieux publics » (G7). Si certains élèves associent la laïcité à une liberté ou à un droit plus qu'à une interdiction, c'est, sauf exceptions, la liberté de conscience qui est convoquée et non la liberté d'expression : « Pour moi, la laïcité, ces de pouvoir croire ou ne pas croire en un dieu speciale mais de ne pas le montrer » (G2) ; « Pour moi la laïcité c'est que tout le monde sois libre de croire en ce qu'il veut mais ne pas montrer ce qu'il croit aux autres personnes » (G2).

13 Il s'agit de la loi du 11 octobre 2010 qui interdit la dissimulation du visage dans l'espace public et par conséquent le port du *niqab*, porté par certaines femmes musulmanes.

De la « nouvelle laïcité », les enfants semblent aussi avoir retenu qu'elle était reliée à la défense d'aspects civilisationnels (Amiraux et Koussens, 2014, p. 8-10), notamment l'égalité entre hommes et femmes (Beaman et Smith, 2016). J'y vois un indice dans le fait qu'à de nombreuses reprises, des élèves associent la laïcité à l'égalité garçons-filles : « qu'on doit jouer entre filles et garçons » (G1) ; « d'apprendre des jeux auxquels jouent les filles aux garçons et puis l'inverse » (G1).

Si le vocabulaire de la « nouvelle laïcité » semble être *mainstream* chez les élèves interrogés, il faut néanmoins noter qu'on trouve, à la marge, des réponses qui s'inscrivent dans un courant plus inclusif et libéral : « c'est le droit d'aller à l'école en étant de toute religion différente » (G6) ; « La laïcité à l'école s'applique en faisan respecter les différences en laissant s'exprimer les ressentis de tout le monde » (G2).

Ces élèves relient alors la laïcité à la mise en place d'accommodements, non pas pour les absences pour motif religieux, vues comme incompatibles avec la laïcité, mais pour la cantine : « À la cantine pour ce qui ne mange pas de porc faire un autre repas (G2) » ; « à la cantine, il y a d'autres plats pour les juifs et les musulmans quand il y a de la viande ou du porc » [G6] ; « on ne sert pas de port au musulman à la cantine ».

LES ÉVALUATIONS

Parmi les 59 % des élèves qui ont répondu à la dernière question du formulaire, « Qu'en penses-tu ? », qui leur demandait d'évaluer la laïcité, près de 90 % portent une appréciation positive ou plutôt positive, 8 % une appréciation négative ou plutôt négative et 2 % n'expriment pas de jugement. L'adhésion à l'idée de laïcité s'exprime par des formules plus ou moins enthousiastes : « c'est bien », « c'est génial » (G7). On peut expliquer cette confiance accordée à la laïcité par le conformisme des enfants, qui cherchent à s'affilier et à ne pas commettre d'impair par rapport aux préférences qu'ils ont pu repérer chez les adultes (Lignier et Pagis, 2017, p. 270). La laïcité étant un des mots clés de l'école, ils savent qu'il s'agit d'un mot auquel ils peuvent et doivent accorder leur confiance. Ces résultats sont aussi cohérents par rapport aux observations d'Annick Percheron qui relevaient que, parmi les mots du vocabulaire politique, « les symboles et les concepts associés au domaine de la communauté sont compris, connus et valorisés positivement par les enfants », contrairement aux mots décrivant le fonctionnement des institutions qui suscitent une forme de désintérêt et ceux qui relèvent de la dimension conflictuelle de la politique, qui génèrent l'hostilité (Percheron, 1974, p. 66).

La moitié des réponses sont argumentées. Les élèves qui ont défini la laïcité comme l'absence de toute trace de religion à l'école mettent en avant ses effets positifs pour la paix civile, déclinant à l'échelle de la cour de récréation les arguments qui circulent dans le monde des adultes : « Je pense que c'est très bien qu'on montre pas notre religion sinon il y aurai des disputes entre religion. On a une grande chance d'avoir la laïcité en France » (G7) ; « on ne se tape pas, on ne dit pas de gros mots et on ne se moque pas de la religion de quelqu'un, je pense que c'est génial » (G7) ; « Je pense que pour certains enfants, c'est très important car sinon ils pourraient se faire harceler et être mis à part » (G2) ; « Je pense que c'est une bonne idée d'empêcher certaines choses, parce que sinon, il pourrait y avoir de la discrimination à cause des religions. Si les autres ne sont pas au courrant de ta religion, ils ne feront pas de mauvaises remarques » (G2).

Si les enfants se déclarent enthousiastes vis-à-vis de la laïcité neutralisante, ce n'est pas seulement parce qu'elle empêcherait les bagarres, les comparaisons, les blessures et les moqueries mais aussi parce qu'ils la perçoivent comme un dispositif permettant d'aller vers ceux qui sont différents : « c'est bien, grâce à ça on est amie » [G6] ; « c'est une bonne chose, comme ça personne reste seul » [G6] ; « Cela nous apprend le partage et le vivre-ensemble » [G6].

La laïcité neutralisante a aussi pour vertu, selon certains élèves ayant répondu à la question, de préserver l'égalité[14] ainsi que la liberté de conscience, citée à trois reprises, notamment dans cette réponse : « Je trouve que c'est bien de ne pas montrer sa religion dans les lieux publiques comme l'école car si on le montre ça pourrer insiter les plus petit à pratiquer cette religion [G7]. »

14 Trois occurrences dont cette phrase : « Je pense que c'est très bien parce que tout le monde est pareille » [G1].

Les élèves qui avaient écrit une définition plus libérale mettent quant à eux davantage en avant le respect de la liberté et l'ouverture à la diversité permise par la laïcité. Deux exemples parmi les six réponses s'inscrivant dans cette ligne : « Je pense qu'il vaut mieux être ouvert à se que pense les autres que d'être fermer dans son placard et de dire que nous sommes les seuls à déternir la clé de la vérité » (G7) ; « Je pense que c'est très bien parce que ça te fais découvrir d'autres religions » (G5).

La laïcité semble alors qualifier une école ouverte à tous, accueillant les enfants quelles que soient leur origine. L'exemple du chanteur gitan catalan Kendji Girac[15] qui, bien que né dans une communauté itinérante, a été scolarisé durant ses périodes de sédentarité, est mobilisé : « La laïcité c'est par exemple : des personnes qui dans une caravane comme Kendji [Girac] avant de devenir chanteur il vivé dans une caravane [...]. Dans l'école on accepte tout le monde toutes les régions » (G7).

Les huit élèves qui portent un jugement de valeur plutôt négatif sur la laïcité, ou du moins émettent des réserves, appartiennent dans l'ordre à l'école E (4 réponses), à l'école B (3 réponses) et à l'école C (1 réponse). Un élève de l'école B écrit : « Je pense que c'est pas illégal mais il faut pas trop influencer les gens ». S'il a bien compris la question, signifie-t-il que la laïcité est, chez certains personnels éducatifs de son école, associée à un système de valeurs qui s'imposerait aux élèves ? Il faudrait compléter l'enquête par un entretien pour le savoir. C'est dans l'école E que l'on trouve les réponses les plus argumentées. Le premier élève écrit : « Je trouve que c'est bien et en même temps pas bien, parce qu'on montre pas de religion, car il n'y a pas de viande hallal. » Il semble voir la laïcité comme non respectueuse de ses convictions. Le deuxième élève met en doute l'utilité d'une laïcité neutralisante, tout en affichant sa loyauté : « Je pense que ça ne sert pas à grand-chose mais je respecte quand même sa et je me fiche que mes amis soit juif ou catholique. » Les deux derniers élèves critiquent spécifiquement la neutralisation des signes religieux pour les élèves : « Je pense que tout le monde peut pratiquer une religion, et cela m'est égal si des personnes portent des signes grands ou petits » ; « Je pense que la laïcité n'est pas trop utile puisqu'au final, ça ne changer rien si on montre leurs signes ».

15 Kendji Girac est un chanteur et guitariste français qui s'est fait connaître en remportant l'émission de télé-crochet *The Voice* en 2014.

CONCLUSION
Les acteurs sociaux du vocabulaire enfantin de la laïcité

Si l'âge et l'environnement des écoles jouent un rôle quant au registre langagier, les effets de ces variables semblent plus limités sur les conceptions et valeurs associées à la laïcité : malgré quelques variations, les données collectées semblent montrer une appropriation majoritaire, par les écoliers bordelais, du vocabulaire de la « nouvelle laïcité » telles que définie par Stéphanie Hennette-Vauchez et Vincent Valentin. Le fait que ces écoliers soient scolarisés dans une ville qui développe une approche ouverte de la laïcité n'inverse pas cette tendance générale, ce qui n'est pas très étonnant dans la mesure où les municipalités n'interviennent qu'à la marge dans les contenus pédagogiques. Les enfants semblent en fait s'inscrire dans la pédagogie de la laïcité proposée par Abdennour Bidar (2012). Celui qui était alors chargé de mission « pédagogie de la laïcité » (dans le cadre d'un partenariat entre le ministère de l'Éducation nationale et le Haut conseil à l'Intégration) justifiait les lois limitant l'expression religieuse des élèves et de leurs parents à l'école en vantant les bénéfices de l'invisibilité des convictions : apprentissage de la tolérance, mise à distance des conflits et des identités, rencontre de celui qui est différent (Mercier, 2016). Il faudrait enquêter pour savoir dans quelle mesure la « nouvelle laïcité » s'installe dans le vocabulaire des enfants de manière descendante, par transmission via les inspecteurs, les formateurs puis les enseignants d'impulsions venues du ministère, ou si cela se fait de manière plus inductive, les enseignants bricolant chacun dans leur coin, mais de façon convergente un discours permettant de justifier l'interdiction de certains signes religieux à l'école, et interprétant, souvent par manque de formation, la loi du 15 mars 2004 dans un sens maximaliste (Petit, 2018, 158-159). Le fait que, dans notre échantillon, des élèves associent la laïcité à l'égalité garçons-filles relève plutôt de la première logique, dans la mesure où la Charte de la laïcité, produite par le ministère et installée dans les écoles à la rentrée 2013 mentionnait que la laïcité « garantit l'égalité entre les filles et les garçons ». Mais les discussions avec les professeurs qui participaient à la formation et mes visites sur le terrain m'ont montré que, souvent, ce sont les enseignants qui fabriquent par eux-mêmes, avec des ressources qui n'ont pas pour origine le ministère, un discours proche de la « nouvelle laïcité ». Le rôle de la socialisation familiale serait également à documenter plus finement.

Si les élèves du primaire interrogés s'approprient ce discours, c'est peut-être parce que, au-delà du conformisme enfantin, la « nouvelle laïcité » correspond à leur appétence pour l'ordre, les règles et les cadres rassurants. Annick Percheron (1974, p. 62) notait à ce sujet : « soumis et dépendant en tant qu'individu, l'enfant semble accepter l'idée de règles et de restriction comme fondement de la société ». Il faudrait voir si leur entrée dans l'adolescence s'accompagne d'une adhésion à la laïcité moins surplombante que semblaient plébisciter les adolescents interrogés en 2008 par Bérengère Massignon. Il faudrait également observer si la minorité qui conteste de manière feutrée la laïcité s'engagera au collège puis au lycée dans une renégociation active de « l'ordre laïque local », dans un sens plus ouvert aux minorités ethniques et religieuses, à la façon des lycéens observés à Paris par Benjamin Farhat (2016). Cela permettrait d'une part de savoir si l'adhésion à la « nouvelle laïcité » est un effet d'âge, de génération ou d'époque, d'autre part de mesurer la stabilité des orientations politiques acquises lors de l'enfance, un sujet qui fait débat chez les spécialistes de la socialisation (Tournier, 2010, p. 64-66). En attendant, l'enquête menée en 2018 par le Centre national d'étude des systèmes scolaires auprès de plus de 16 000 élèves de troisième et de terminale suggère qu'on a plutôt à faire à un « effet d'époque », combiné avec un effet d'âge et ou de génération. L'adhésion à la laïcité neutralisante semble plus forte que chez les collégiens interrogés dix ans plus tôt par Bérengère Massignon, mais moins forte que dans notre petit échantillon. Les répondants adhèrent à 64 % à la proposition selon laquelle « la religion des élèves ne doit pas être visible dans l'espace scolaire », ce qui semble indiquer qu'ils ont intégré le discours sur l'école comme « sanctuaire de la laïcité », mais moins unanimement que les écoliers. Cette impression est renforcée par le fait qu'ils sont par ailleurs 76 % à considérer que les élèves doivent pouvoir « s'exprimer sur leurs croyances ou non-croyances en classe tant qu'ils respectent l'opinion des autres », des chiffres supérieurs à ceux des CM1-CM2, très partagés sur cette question (Cnesco, 2020).

En tout état de cause, la réception par les enfants des « nouveaux vocabulaires » de la laïcité n'est pas que passive. Non seulement, ils sélectionnent ce qui correspond à leurs inclinations mais ils effectuent aussi des « recyclages » (Lignier et Pagis, 2017). Dans les réponses collectées, on note que les enfants réinvestissent, pour qualifier la laïcité, les injonctions qu'ils reçoivent des adultes dans leur vie concrète, notamment les règles de civilité qui sont au centre de l'éducation à la citoyenneté à l'école primaire (Bozec, 2016) : « être poli », « ne pas se moquer », « être tolérant », « être gentil », « être respectueux », « savoir vivre en communauté » (G2) … En ce sens, ils contribuent à construire la laïcité comme une archi-valeur, mère de toutes les habiletés sociales.

Charles MERCIER
Université de Bordeaux
LACES EA7437
Institut universitaire de France

CE QUE DISENT LES FRANÇAIS DE LA LAÏCITÉ

Consensus républicain et polémiques identitaires

Depuis près d'une quinzaine d'années[1], l'actualité politique et médiatique française est agitée de polémiques d'une rare violence autour de la définition même de la laïcité et de la juste place du religieux dans la vie de la cité. Controverses sur la suppression des menus sans porc dans les cantines de certaines écoles publiques, empoignades autour des crèches de Noël dans les mairies, bataille rangée au sujet du licenciement d'une employée voilée de la crèche Baby Loup, débats autour de la loi interdisant toute dissimulation complète du visage dans l'espace public en 2010, embrasement contre le burkini à l'été 2016, déferlement de voix outragées par le turban et les tweets de la chanteuse Mennel, candidate pop de l'émission *The Voice* en 2018, querelles entre Manuel Valls et l'Observatoire de la laïcité, entre organisateurs du « Printemps Républicain » et leurs ennemis de *Médiapart*, disputes sur le voile à l'université… pas une semaine ne se passe sans que divers acteurs publics – intellectuels, administrateurs ou politiques – ne se divisent sur ce qui enfreint, ou non, la laïcité (Charaudeau, 2015).

La gauche se déchire, les intellectuels s'écharpent, « islamogauchistes » et « néo-réac » s'invectivent, et pendant ce temps l'extrême droite s'empare d'un concept qui était frappé d'anathème dans son camp il y a à peine dix ans. Cette cacophonie laisse souvent pantois les journalistes étrangers, perplexes devant cette passion française pour un concept devenu quasiment intraduisible à force d'être polysémique (Baubérot, 2015 ; Taylor, 2009).

1 Le tournant est sans doute la loi du 15 mars 2004 interdisant le « port de signes ou tenues par lesquels les élèves manifestent ostensiblement une appartenance religieuse » dans les écoles publiques, qui vit le concept de laïcité réinvesti par la droite, et la gauche commencer de se déchirer.

Mais qu'en est-il des Français eux-mêmes ? Ont-ils une vision plus consensuelle, plus stable, moins passionnelle de cette valeur qu'ils plébiscitent presque unanimement ? Ou bien sont-ils eux aussi tiraillés entre des positions antagonistes où se lisent leur affiliation partisane, leur profession de foi, leur catégorie sociologique-professionnelle, leur éducation ? Les débats qui alimentent la chronique médiatique colorent-ils leurs représentations de cette notion abstraite et complexe ?

Surtout, quel sens lui donnent-ils ? D'un concept juridique et politique (séparation des Églises et de l'État, neutralité de ce dernier, liberté de culte et de conscience), la laïcité est devenue un enjeu identitaire, culturel autant que politique. Un mot, aussi, constamment pris dans la valse des redéfinitions et des accaparements, flou à force d'être débattu et affublé d'adjectifs censés le nuancer (Baubérot, 2015). Laïcité « fermée », « ouverte », « stricte », « gallicane », etc., le mot est devenu un « *contested signifier* » (signifié contesté) : un mot-valeur au fort capital politique dont la signification est l'objet d'un combat culturel et idéologique (Alduy, 2015, p. 94-100). Qui donc a gagné la bataille sémantique sur ce mot instrumentalisé dont tous les acteurs politiques prétendent détenir la seule véritable signification ? Est-il vrai de dire avec Jean Baubérot qu'« aujourd'hui, la droite dure, l'extrême droite ont capté le sens socialement dominant du terme "laïcité" » (Baubérot, 2015, p. 124) ? Cette vision est-elle *socialement* dominante, et donc se reflète dans les déclarations des Français, ou bien seulement *médiatiquement* dominante, sans que le cœur profond de l'opinion publique n'ait été gagné par ce type de représentation ?

Pour répondre à ces questions nous avons donné la parole aux Français eux-mêmes : le questionnaire sémantique de la vague 4 de l'Enquête électorale française 2017 menée par le CEVIPOF a interrogé un échantillon de près de 20 000 personnes sur la laïcité[2]. Ce sont ces réponses que nous proposons d'analyser ici.

2 L'enquête a été réalisée du 13 au 22 mai 2016 sur un échantillon représentatif de la population française de 19 693 personnes. Les questions sur la laïcité s'inscrivent dans un module sémantique sur les valeurs des Français. Les autres mots-valeurs faisant l'objet de questions ouvertes étaient « liberté », « égalité » et « ordre ». Voir CEVIPOF, « L'Enquête électorale française », Sciences Po (https://www.enef.fr/).

MÉTHODOLOGIE ET ENJEUX

L'objectif du questionnaire était de mesurer quantitativement et qualitativement les composantes sémantiques et affectives attribuées par les Français à un ensemble de mots-valeurs utilisés couramment dans le discours politique (« liberté », « égalité », « justice », etc.) en amont de l'élection présidentielle de 2017. Il s'agissait de déterminer *le sens* et *la valeur* (positive ou négative) que les Français attribuent à ces termes.

Le questionnaire a donc été élaboré en vue de collecter des données sur deux composantes principales de l'appréhension du mot « laïcité » : 1) son contenu sémantique tel qu'il est perçu, pensé, imaginé et articulé par les sujets interrogés ; 2) les jugements de valeur, positifs, négatifs ou neutres, associés à ce mot. La composante sémantique est décryptée à partir des réponses spontanées à des questions ouvertes[3] ; la deuxième, l'évaluation subjective, se mesure en croisant l'analyse de données quantitatives (taux d'adhésion à la laïcité mesuré en opinions positives, négatives ou neutres ; rang de la laïcité dans le classement hiérarchique d'un ensemble de mots-valeurs) et qualitatives, à travers les opinions appréciatives ou dépréciatives exprimées lors des questions ouvertes.

Il faut d'emblée souligner que c'est le croisement de ces deux composantes, sémantique et évaluative, qui permet d'expliquer le statut paradoxal de la laïcité dans le débat public. Cette valeur est en effet devenue à la fois consensuelle et polémique alors qu'elle n'a été pendant longtemps que clivante. Historiquement, la laïcité a été une valeur différenciante autour de laquelle une ligne de fracture très nette séparait droite et gauche (Baubérot 2000 ; Liogier, 2006 ; Weil, 2007 ; Peyrard, 2009), croyants et non croyants[4]. Aujourd'hui, comme nous allons le voir, elle est appréciée par une très large majorité (65 %) de Français comme une valeur positive, quelle que soit leur affiliation partisane ou religieuse, mais son sens, lui, ne fait pas consensus. Pour forcer le trait,

3 L'intitulé de la question ouverte était : « Quels sont tous les mots et toutes les expressions qui vous viennent spontanément à l'esprit lorsque vous pensez au mot "laïcité" ? ».

4 Sur la relation entre minorités religieuses protestante et juive et laïcité, voir Baubérot (2007) ; Cabanel (2013) ; Khosrokhavar et Wieviorka (2017) ainsi que Laot (2009) et Cabanel (2007).

on peut dire que les Français plébiscitent la laïcité quasi-unanimement, bien que (ou parce que ?) personne ne s'accorde sur son sens.

Le mot « laïcité » est en effet l'objet d'interprétations diverses, parfois antagonistes. Le but de cette enquête est d'en cartographier l'espace sémantique. Le contenu sémantique d'un mot recouvre la dénotation et la connotation : ce que *désigne* le mot dans l'ordre des objets du monde (le sens littéral) et ce qu'*évoque* ce mot dans l'ordre des affects et du vocabulaire (les associations émotionnelles et lexicales avec d'autres mots). On s'intéresse ici non pas à la dénotation stricte, universelle et abstraite (définition du dictionnaire), mais au contenu sémantique *d'usage* associé au mot par les électeurs, que ce contenu corresponde, ou non, à la définition conceptuelle et juridique avérée de la laïcité. Autrement dit, ce sont des représentations sociales, un imaginaire de la laïcité, qu'ils la fantasment ou la déforment, qu'il s'agit ici de mettre au jour.

Du point de vue des sciences politiques et du droit, la laïcité est une notion juridique fixée par la loi et la jurisprudence, objet de débat dans l'arène politique. Mais du point de vue de la langue, c'est un mot dont l'usage détermine partiellement le sens. Cet usage évolue et se diversifie selon les locuteurs, leur milieu, l'actualité, les situations d'énonciations, etc. L'électeur est à la fois acteur d'une renégociation permanente du sens du mot et récepteur de ses significations plurielles, certaines dominantes et d'autres minoritaires : il pense la laïcité en fonction de ses propres connaissances sur l'objet, de ses systèmes de croyance et de l'écoute en contexte du mot dans la langue. L'enjeu du combat sémantique sur ce « mot magique » (Baubérot, 2015) est bien cette plasticité sémantique et le pouvoir potentiellement exorbitant de l'usage (et donc de certains énonciateurs qui dominent le débat collectif) d'amender le sens du mot et de creuser l'écart entre le sens du droit et le sens des gens.

C'est cette tension entre définition purement juridique et sens vécu qui est au cœur de l'enjeu proprement politique de la polysémie du mot « laïcité » dans le débat public actuel : entre la langue et le droit s'immisce la possibilité d'un écart, voire d'un grand écart. Les données de l'enquête électorale du CEVIPOF permettent de mesurer l'espace de ce malentendu.

LA LAÏCITÉ COMME VALEUR
Entre consensus et réticences

UNE VALEUR CONSENSUELLE

Avec une moyenne nationale de 64,8 % d'appréciation positive, la laïcité est certes moins plébiscitée que la liberté (82,7 %), l'égalité (74,5 %), la justice (74,4 %) ou la sécurité (69,2 %), mais elle bénéficie d'un socle solide, très largement majoritaire, et surtout transversal (voir Annexe). Ce qui est remarquable ici ce ne sont pas les différences d'appréciation selon les groupes sociaux, mais au contraire la faiblesse des écarts selon les variables démographiques[5] et le phénomène, massif, de consensus sur le caractère positif de la laïcité, quelles que soient les conditions, les origines, et même, dans une moindre mesure, la religion et l'opinion politique des personnes interrogées. Les variables telles que le sexe[6], l'âge, le statut (actif/inactif), la région[7] et le type d'agglomération de résidence, le fait d'avoir des parents étrangers ou non, d'être Français de naissance ou par acquisition[8], n'ont pratiquement aucune incidence sur le taux d'adhésion à la laïcité, qui tourne autour de la moyenne

5 Les résultats vont ici à l'encontre de ceux proposés par Barthélemy et Michelat (2007) à partir d'une enquête de décembre 2003, où les chercheurs ont construit des échelles d'attitude pour mesurer le degré d' « attachement à la laïcité », à la séparation entre État et Églises et à l'anticléricalisme. Dans leur enquête, l'attachement à la laïcité varie en fonction du sexe (écart de 8 points) et surtout de l'âge (écart de 16 points). Ici nous ne mesurons pas l'attachement mais l'évaluation, positive ou négative, de la laïcité.

6 Peut-être faut-il souligner qu'en dépit de la focalisation des débats récents sur les femmes dans l'islam et leurs tenues vestimentaires, il n'y a qu'un point d'écart entre les réponses des hommes et des femmes sur la laïcité. Ce n'est pas le cas d'autres valeurs : quatre points d'écarts sur la fraternité (69,2 % d'appréciation positive pour les hommes contre 73,2 % pour les femmes), sur l'égalité (72,5 % contre 76,3 %) et sur l'autorité (44 % contre 40 %) ; cinq points sur la solidarité (66,2 % contre 71,3 %), six sur la diversité (44,5 % contre 50,2 %) et même huit points sur la souveraineté (25,6 % contre 17,5 %).

7 Seule l'Alsace se distingue avec un taux d'adhésion à la laïcité inférieur à la moyenne nationale de plus de 13 points (51,2 % d'opinion positive). Inversement, en Auvergne, 72,5 % des personnes interrogées applaudissent la laïcité. Toutes les autres régions se situent entre 58 et 66 % de taux d'adhésion.

8 Contrairement à certains préjugés véhiculés par certains discours politiques contemporains, ce sont même les « Français par acquisition » qui apprécient plus la laïcité que les « Français de naissance » (68,6 % contre 66,4 %).

nationale dans tous ces cas de figures[9]. Quant aux Français qui ont des parents ou grands-parents étrangers, ils se distinguent par une *survalorisation* de la laïcité, avec des taux d'adhésion supérieurs à la moyenne nationale[10] : ceux dont les parents ou grands-parents sont originaires d'Afrique subsaharienne ou d'Asie sont même respectivement 72,3 % et 73,8 % à plébisciter cette valeur républicaine – on est loin des clichés sur les « immigrés » irrespectueux de la laïcité, clichés que les réponses ouvertes reproduisent pourtant[11].

Le mot suivant vous semble positif, négatif ou ni positif ni négatif			
	Positif en %	Ni positif ni négatif en %	Négatif en %
La liberté	82,7	12,4	4,9
L'égalité	74,5	17,3	8,2
La justice	74,4	16,3	9,2
La sécurité	69,2	21,6	9,2
La solidarité	68,9	23,4	7,7
La laïcité	*64,8*	*26,9*	*8,2*
La diversité	47,5	38.1	14,3
L'autorité	42,6	41.3	16,1
La souveraineté	21,3	43,1	35,5
Le communautarisme	8,6	39,7	51,6

FIG. 1 – Les valeurs des Français (Source : CEVIPOF, Enquête électorale 2017, vague 4, mai 2016).

9 À l'inverse, d'autres mots-valeurs cachent de larges écarts selon l'âge, les revenus, le niveau d'éducation, l'affiliation politique, etc. L'écart maximal entre valeurs basses et hautes peut ainsi aller jusqu'à quinze points selon l'âge pour le taux d'adhésion à l'autorité, jusqu'à quarante-cinq points pour la solidarité selon le vote à la présidentielle de 2012. On constate à la date de l'enquête, en mai 2016, cinquante points d'écarts sur la sécurité entre les électeurs qui pensent qu'ils voteront Duflot en 2017 et ceux qui indiquent Marine Le Pen comme choix.

10 Sauf pour ceux dont les parents ou grands-parents sont originaires du Portugal, qui sont 62,2 % à juger positivement la laïcité.

11 Voir ci-dessous les critiques de la laïcité et la laïcité identitaire. À la question « Quels sont tous les mots et toutes les expressions qui vous viennent spontanément à l'esprit lorsque vous pensez au mot "laïcité" ? », une vingtaine répondent spontanément « immigration », quarante-cinq citent « étranger[s] » dans des commentaires tels que « Problèmes liés à l'islam, Immigrés, Communautarisme », « une forte implantation de mulsulmans [sic] issue de l'immigration a tendance à imposer ses règles », voire « Les arabes Le voiles J'en ai mard que les étranger profite de notre système » [sic], « les étrangers doivent respecter le pays qui les acceuillent [sic] si non DEHORS ».

Si l'on excepte pour le moment le critère des choix politiques[12], qui seuls produisent des variations d'ampleur, les seules catégories dont le taux d'adhésion tombe en dessous de la barre des 50 % sont les catholiques « pratiquants réguliers » (43,1 % d'opinion positive sur la laïcité) et les personnes sans diplômes ou titulaires d'un CEP (48,9 %). Les écarts sont de l'ordre de 11 à 13 points en fonction de la catégorie sociologique-professionnelle, du niveau de revenu et du niveau d'éducation, mais les opinions positives restent toujours largement majoritaires (fourchette de 59 à 72 %). Les groupes qui sont le plus attachés à la laïcité sont les cadres supérieurs (71 %) et professions intermédiaires (69,4 %), et plus particulièrement les agents de la fonction publique d'État (72,5 %) et de la fonction publique hospitalière (72 %), deux catégories directement concernées par les tensions liées à l'application de la laïcité dans les services publics.

Plus les études sont longues[13], plus on apprécie la laïcité et moins on est indécis quant à sa valeur (71,9 % d'opinion positive pour les Bac+4 ou plus). Inversement, les électeurs titulaires d'un CEP ou n'ayant aucun diplôme en ont l'opinion la plus négative (seulement 48,9 % d'opinion positive et 14 % d'opinion négative) mais manifestent aussi la plus grande indécision (36,4 % « ni positive ni négative ») car la notion est perçue comme technique et « compliquée ». La proportion de non réponses explicites (« rien », « je sais pas », « nsp », etc.) est dans ce groupe de l'ordre de 17,5 % des réponses, contre seulement 2 % chez les BEP/CAP/BEPC, 1,5 % chez les détenteurs du BAC et 1,1 % chez les diplômés du supérieur. On mesure ici combien tout effort de pédagogie sur le contenu de la loi de 1905 doit commencer avant le secondaire.

Enfin, la laïcité fait l'objet de louanges parfois dithyrambiques d'un point de vue qualitatif. Les adjectifs évaluatifs les plus utilisés sont « indispensable » (68 occurrences), « important » (45), « fondamental » (32), « essentiel » (26), « nécessaire » (25), avant que n'apparaisse le premier adjectif dépréciatif, « bafouée » (25). Certains commentaires surenchérissent sur cette tendance élogieuse dans leurs réponses : « primordial essentiel indispensable », « ESSENTIEL – INCONTOURNABLE – BIEN ÊTRE COMMUN », « valeur suprême », « école, liberté, ♥ », « vitale », « essentielle à toute avancée humaine », « c'est la plus belle des lois ».

---

12 Sur la corrélation entre positionnement politique et pratique religieuse voir Cautrès, Pina et Talin (1998).

13 Des résultats similaires à ceux de Barthélemy et Michelat (2007).

UN SENS ÉVANESCENT

La laïcité a beau être majoritairement appréciée, elle reste perçue comme une notion complexe, objet d'indifférence ou de perplexité pour plus d'un quart des Français (26,9 %). Dans les commentaires, elle donne non seulement lieu à des interprétations concurrentes, ce qui est le propre des « signifiants contestés », mais à des approximations historiques (la loi de 1905 devient de « 1904 » ou de « 1906 »), des graphies incertaines (« laîque », « laîcité », « austentatoire », « bourka », « communotarisme », « mylsulmanes »,) et à l'aveu explicite d'une gêne ou d'une incompétence à la décrire. L'insécurité est ici moins « culturelle » (Bouvet, 2015) qu'épistémologique – les Français connaissent mal la laïcité et le reconnaissent volontiers.

On mesure cette réticence au taux élevé de « non réponses explicites » à la question ouverte sur les associations d'idées que suscite le mot « laïcité » : non pas les cas d'absence totale de réponse au questionnaire (case vide) mais de refus verbalisé de se prononcer. Alors que ce taux est de 6,5 % pour « liberté », 7,5 % pour « égalité » et 7,8 % pour « ordre », il atteint 9,6 % pour laïcité. L'item « ras » [rien à signaler] est le 61e mot le plus utilisé dans les réponses ; « nsp » [ne sais pas] le 93e. À cela s'ajoute plus de 400 réponses par « rien » et ses variantes (« rien à dire », « rien de particulier », « rien du tout »), 135 autres par « je ne sais pas », et de nombreux « aucun », « aucune idée », « ? ? ? ? », etc. La différence avec les autres mots-valeurs est également qualitative : là où pour « liberté » et « égalité », les non-réponses explicites se contentent d'indiquer laconiquement n'avoir rien à dire (« rien », « ne sais pas »), celles sur la laïcité articulent bien souvent une réelle perplexité : « C un peu compliquer d'exprimer la laicite » [sic], « Je ne répondrai pas à cette question c'est compliqué à expliquer », « ambigue sujet delicat », « je n'ai rien à dire c'est un sujet trés [sic] difficile », « C'est assez flou », « pas très clair », « indéfinissable ».

Au-delà de ces incertitudes s'exprime aussi une certaine lassitude, liée à l'impression qu'on en parle trop (« trop entendue », « basta », « raz le bol », « si seulement on pouvait cesser de nous bassiner avec ce mot ») et que du même coup son sens s'étiole : « Encore un mot utilisé à toutes les sauces par nos chers politiques et qui se retrouve vidé de sa substance ». De nombreux commentaires adoptent en effet une position métalinguistique pour répondre de biais en offrant une critique de l'exploitation politique et médiatique du mot plutôt que d'évoquer son contenu sémantique. La laïcité est pour eux « détournée », « dévoyée », « manipulée », « instrumentalisée », « galvaudée » et « vidée de son sens[14] » car « repris à toutes les sauces ».

Un degré supplémentaire de distanciation consiste à remettre en cause l'existence même de la laïcité ou de la possibilité de son application. Elle est pour certains « bafouée » (50 occurrences), « non respectée » (36), « pas appliquée » (30), « oubliée », voire « impossible », « disparue » ou « en voie de disparition ». Ce n'est plus un usage intempestif et vague du mot qui est critiqué mais bien l'application réelle du concept, laxiste selon cette opinion : « principe de laïcité non respecté, bafoué, foulé aux pieds par l'obscurantisme de certains fanatiques, laissez-faire ». Le constat est alors amer, ce qui témoigne en creux d'un attachement à un « idéal perdu », une « valeur utopique » impossible à atteindre : « la laïcité est sur le point de mourir en France », « ça ne représente plus rien », « mission impossible ».

Dans l'ensemble de ces réponses, c'est le sens même de la laïcité qui s'évanouit, qu'il soit insaisissable, galvaudé, bafoué ou inexistant.

LES CRITIQUES : LE PRISME IDENTITAIRE

Avec seulement 8,2 % d'opinions négatives sur l'ensemble des personnes interrogées, la laïcité est l'une des valeurs les moins clivantes, juste après la liberté, l'égalité et la solidarité (*figure 1*, *supra*). Elle reste cependant un repoussoir pour certaines catégories aux motivations disparates. Un premier ensemble de réponses se contente d'exprimer son rejet avec des degrés variés de politesse ou de dégoût : on va du champ sémantique de la mystification (« erreur », « illusion », « leurre », « hypocrisie », « mascarade », « fumisterie », « foutage de gueule ») aux expressions de mépris sans explication (« je n'aime pas du tout », « mauvais à rejeter », « le pire des maux de notre société », « c'est une belle connerie », « une merde sans nom »).

14 Quelques exemples : « Ce terme est tellement détourné, mal utilisé et réinterprété par les politiques pour couvrir leur incurie que bientôt il n'aura plus de sens » ; « ce mot a perdu tout son sens » ; « Mot galvaudé, trop repris à toutes les sauces par les médias et les politiques pour faire peur » ; « concept artificiel dévoyé par tous les partis politiques actuels » ; « mot à la mode mais creux ».

Les critiques plus construites se divisent en deux argumentaires antagonistes : une opposition au nom du respect des traditions françaises et de la défense d'une France chrétienne d'une part, et, de l'autre, une condamnation de la laïcité comme instrument de discrimination envers les musulmans.

La ligne identitaire, très minoritaire par rapport à l'ensemble de la population, campe sur une opposition frontale à la laïcité au nom du religieux. On y lit l'écho de luttes anciennes entre catholiques et « laïcards » (Poulat, 1987 ; Rémond, 2005 ; Baubérot, 2004). La laïcité y est décriée comme « cache sexe des anticléricaux et des francs-maçons pour détruire le catholicisme en France et en Europe », « antichristianisme, christianophobie », « manœuvre anticatholique réussie », « obscurantisme laïcard ». Elle évoque les termes « laïcard, Combes, 1905, bouffeur de curés, hussards noirs, maison de tolérance, mascarade ». La charge est violente, le ressentiment aussi : les vestiges des combats autour de la loi de 1905 continuent d'alimenter les imaginaires…

Mais l'argument n'est qu'en apparence religieux : en réalité, il est culturel et identitaire, comme en témoignent les très nombreuses occurrences de l'expression « La France est un pays catholique/chrétien » pour rejeter la laïcité, ou l'islam, ou les deux. En effet, ce sont moins les restrictions éventuelles à la liberté de culte en tant que telles contre lesquelles s'insurgent les critiques, que le sentiment d'une menace contre l'identité française elle-même, définie comme essentiellement et historiquement catholique : la laïcité, associée presque toujours à l'islam, est perçue comme une « perte d'identité nationale », un « prétexte pour effacer que la France est un pays chrétien », un « outil de destruction de notre culture », et exprimerait « la haine des valeurs chrétiennes et la lutte contre la religion chrétienne ». Le raisonnement implicite est que la visibilité accrue de l'islam a provoqué un effacement de la prédominance de la culture catholique au nom de la laïcité. Or ces deux religions ne devraient pas être placées sur le même plan, car le catholicisme est un marqueur de l'identité nationale : « Nous sommes en France, dans un pays catholique pour la plupart défendons notre liberté religieuse. Maintenons notre droit à la crèche, aux croix, plus de voile, limitation des mosquées[15] ». C'est donc le principe républicain fondamental d'un

15 Ou de manière plus crue : [la laïcité] « c'est de la merde, orchestré par les partis de gauche. Oui aux crèches, aux fètes [sic] religieuses et aux vacances chrétiennes et non dictées par la gauche et les musulmans ».

traitement égal de toutes les religions et de la liberté de culte des minorités religieuses qui est contesté. Plus de cent ans après la loi de 1905 qui inscrit dans la loi ces principes, une frange de la population française continue d'adhérer, consciemment ou non, à des positions antirépublicaines.

S'expriment du même coup, dans une compétition victimaire, un fort sentiment antimusulman[16] et l'idée que ce sont les chrétiens qui sont aujourd'hui menacés par la laïcité dans une sorte de discrimination à l'envers : la laïcité est définie comme « discrimination de l'église, favoritisme pour les communautés musulman[e]s qui imposent leurs traditions », « inégalité anti-chrétienne », « Slogan Inexistante Anti chrétien mais pas anti juif ou anti musulman », etc. Cette ligne identitaire religieuse glisse facilement vers un identitarisme ethnique avec la thématique du « racisme antiblanc » et la « discrimination anti-Français ».

La deuxième ligne critique, qui voit à l'inverse dans la laïcité une forme de « discrimination de l'islam » ou de « racisme », est ultra minoritaire. Le terme « islamophobie » n'apparaît que quatorze fois, dans des critiques acerbes de la laïcité comme « l'autre nom de l'islamophobie » ou « islamophobie refoulée » qui dénoncent un « deux poids deux mesures ». Sur soixante mentions du mot « discrimination », sept seulement pointent le ciblage de l'islam (à égalité avec les mentions de « discriminations anti-Français ») tandis que l'immense majorité associe au contraire la laïcité à « l'inverse de la discrimination ». C'est peu de dire que les Français, y compris ceux qui se déclarent musulmans dans l'enquête, ne partagent pas l'interprétation de nombreux universitaires et intellectuels anglo-saxons selon laquelle la laïcité camoufle une islamophobie rampante (Scott, 2007 ; 2018 ; Bowen, 2007 ; Winter, 2008 ; Wolfreys, 2018). Cette lecture est statistiquement infinitésimale.

16 Mais pas toujours : on note de très rares instances d'opposition « œcuménique » à la laïcité au nom de toutes les religions. Exemples : « pas le droit de porter le voile, une croix, de parler de religion, charte de la laïcité, embêtant, contraignant, discriminant », « religion des athées, intolérance, islamophobie, antisémitisme, anti-chrétiens, ignorance, dictature ».

CLIVAGES POLITIQUES

UNE VALEUR ENCORE PROFONDÉMENT ANCRÉE À GAUCHE

En dépit d'un large consensus en faveur de la laïcité, le degré d'adhésion à cette valeur varie sensiblement en fonction du positionnement politique des répondants. C'est même l'une des rares variables où se creuse l'écart entre fervents partisans de la laïcité et électeurs réticents. Le clivage droite/gauche, qui s'est cristallisé historiquement au sujet de la laïcité (Barthélemy et Michelat, 2007), continue d'être déterminant.

Le mot « laïcité » vous semble :		Positif	Ni pos. Ni nég.	Négatif	NR
Ensemble		64,8	26,9	8,2	0,1
Auto-positionnement politique (note de 0 à 10)	Très à gauche (0 à 1)	76,4	16,5	7,0	0,1
	À gauche (2 à 3)	78,7	18,1	3,2	
	Plutôt à gauche (4)	75,6	20,7	3,7	
	Centre (5)	63,0	29,6	7,4	0,0
	Plutôt à droite (6)	64,6	28,9	6,3	0,1
	À droite (7 à 8)	60,2	31,0	8,8	0,0
	Très à droite (9 à 10)	49,4	31,6	18,9	0,1
	Sous-total à gauche (0 à 4)	77,4	18,4	4,2	0,0
	Sous-total au centre et à droite (5 à 8)	62,5	29,9	7,5	0,1
	Sous-total très à droite (9 à 10)	49,4	31,6	18,9	0,1
Proximité politique	Lutte ouvrière	73,6	20,6	5,3	0,5
	Nouveau parti anticapitaliste	77,9	15,1	7,0	
	Parti communiste français	79,5	16,0	4,4	
	Parti de gauche	80,4	15,5	4,0	0,1
	Nouvelle Donne	82,6	15,0	2,5	
	Parti socialiste	78,9	17,9	3,1	0,0
	Parti radical de gauche	71,0	18,6	10,5	

	Europe Écologie Les Verts	76,8	20,6	2,5	0,1
	Autres Écologie (UDE, CAP 21)	79,3	19,0	1,7	
	Mouvement démocrate	71,1	26,0	2,2	
	Union des démocrates et indépendants	62,9	31,7	5,4	
	Les Républicains	60,6	31,7	7,6	0,1
	Debout la France	54,8	31,7	13,4	
	Front national	49,8	31,1	19,1	0,0
	Autre parti	60,5	32,2	6,8	0,5

FIG. 2 – Adhésion à la laïcité selon le positionnement politique (source : CEVIPOF).

Le détail des réponses selon l'auto-positionnement sur un axe droite/gauche conduit à parler d'une tripartition de l'espace politique sur la laïcité. Le clivage gauche/droite existe bien, mais trois grands sous-groupes homogènes se distinguent en réalité au sein de ce clivage : une gauche qui plébiscite la laïcité (77,4 % d'opinion positive, seulement 4,2 % d'opinion négative), un centre et une droite favorable à la laïcité, mais légèrement moins que la moyenne nationale (62,5 % pour les catégories qui se positionnent de 5 à 8 sur l'axe gauche – droite), et une extrême droite (positionnement de 9 à 10) beaucoup plus réticente avec 49,4 % d'opinion positive et surtout 18,9 % d'opinions négatives, contre 8,2 % pour l'ensemble de la population.

Du point de vue des affiliations partisanes, seuls les électeurs qui se déclarent proches du Front national (aujourd'hui Rassemblement national) tombent sous la barre des 50 % d'opinion positive (49,8 %). Mais ils sont 19,1 % à juger négativement cette valeur : c'est la catégorie d'électeurs la plus fortement réfractaire à la laïcité, toute variable confondue, y compris religieuse. Cette défiance envers la laïcité n'a rien de surprenant si l'on considère la longue histoire du parti, le Front national historique s'étant engagé depuis sa fondation du côté d'un catholicisme de combat, de la défense des écoles privées sous contrat et de l'opposition au mariage pour tous et à l'avortement au nom d'interdits religieux (Lebourg, 2012). Jean-Marie Le Pen n'avait pas de mots assez durs contre les « laïcards ».

QUE VEUT DIRE « LAÏCITÉ » AU FRONT NATIONAL ?

L'offensive sémantique de Marine Le Pen sur la laïcité depuis 2012 (Crépon, 2011, p. 209-222 ; Alduy, 2015) semble à première vue étonnante, car à contre-courant des choix idéologiques d'une large partie de sa base électorale : pourquoi revendiquer une valeur que ses propres électeurs jugent avec circonspection ? Marine Le Pen est-elle ou non en phase avec son électorat sur cette question ?

Pour répondre à ces questions, on dispose d'une base de données des discours[17] des principaux candidats déclarés en 2016 – au moment du sondage donc – pour la présidentielle de 2017 (Alduy, 2017). Premier paradoxe, la candidate qui parle alors le plus de la laïcité – Marine Le Pen – est aussi celle dont les électeurs apprécient le moins la laïcité. Deuxième paradoxe, celui qui en parle le moins, Jean-Luc Mélenchon, est le leader du parti dont les sympathisants et électeurs apprécient le plus la laïcité[18] (Parti de Gauche : 80,6 % d'opinion positive).

	M. Le Pen		F. Fillon		A. Juppé	
	Rang	Fréquence relative	Rang	Fréquence relative	Rang	Fréquence relative
laïcité	155ᵉ	0,48 ‰	300ᵉ	0,32 ‰	161ᵉ	0,53 ‰

	F. Hollande		J.-L. Mélenchon	
	Rang	Fréquence relative	Rang	Fréquence relative
laïcité	262ᵉ	0,38 ‰	1315ᵉ	0,08 ‰

FIG. 3 – Fréquence du mot « laïcité » chez les candidats à la présidentielle 2017 déclarés en mai 2016 (rang hiérarchique et taux de fréquence. Source : Alduy, 2017).

17 Ce corpus collecte tous les discours, allocutions, entretien et textes de Marine Le Pen, François Fillon, Alain Juppé, François Hollande et Jean-Luc Mélenchon sur la période 2015-2016, c'est-à-dire exactement les personnalités politiques sur lesquels les Français interrogés par le CEVIPOF en mai 2016 avaient à se positionner.

18 Seul l'éphémère parti Nouvelle Donne cartonne un peu plus haut à 82,6 % d'opinions positives.

En deux ans et plusieurs centaines de textes et entretiens (500 000 mots !), Jean-Luc Mélenchon ne mentionne que dix-sept fois la laïcité, comme si ce mot-valeur n'avait pas besoin d'être explicité tant il est consensuel dans son propre camp. *A contrario*, Marine Le Pen parle plus de laïcité que tous ses compétiteurs, alors que ses électeurs sont à peine 5 % à en faire une valeur prioritaire[19]. Ce paradoxe se comprend mieux lorsqu'on se penche sur le sens que Marine Le Pen donne à ce mot. Car dans l'arène médiatique, l'enjeu n'est en effet plus *l'acceptation* de la laïcité, mais la redéfinition de son *sens* et de son champ d'application. Et Marine Le Pen a réécrit le mot au prisme des enjeux prioritaires de ses électeurs, au premier rang desquels vient l'immigration (Mayer, 2015).

La comparaison des verbatim de Marine Le Pen et des sympathisants du Front national sur la laïcité est riche d'enseignements. Ces derniers sont en fait profondément divisés : d'un côté une majorité des réponses se situent dans la norme de la « laïcité républicaine[20] » et lui associent les valeurs de « liberté », de « respect », d'« égalité », de « tolérance[21] » ; de l'autre, un discours violemment[22] anti-laïcité et/ou anti-islam fait écho aux avertissements de Marine Le Pen contre « l'invasion migratoire », l'islamisme et la menace sur l'identité culturelle de la France.

Mais au même moment, les discours publics de Marine Le Pen, eux, n'ont couvert qu'un seul versant de cette aire sémantique, celui de l'évocation systématique de l'islam, de l'immigration et du communautarisme. Les mots les plus fréquemment associés à « laïcité[23] » dans ses textes sont en effet « revendications », « communautarisme »,

---

19 Source : CEVIPOF, Enquête électorale française 2017.

20 Voir définition, *infra*.

21 Quelques exemples : « un idéal qui sépare le pouvoir politique et les organisations religieuses », « République, équité, fraternité » ; « pas de religion à prendre en compte tous égaux », « pluralisme tolérance », « c'est une valeur républicaine », « diversité – mélange – tolérance », etc.

22 Avec des commentaires tels que : « dehors les bougnoules », « racisme antiblanc », « échec pour la France, perte de la culture française », « islam incompatible », « antichristianisme, communautarisme, échec, démagogie, laxisme », « La perte des valeurs souveraines et catholiques historiques de la France. », « PAS DE MUSULMANS sur notre territoire ».

23 Les objets comparés – discours de Marine Le Pen et courtes réponses alignant souvent une série de mots des interviewés – ne sont certes pas de même statut linguistiquement parlant. Mais tous deux construisent le sens en contexte du mot « laïcité » par association de mots répétitive. Le logiciel d'analyse lexicométrique Hyperbase utilisé ici pour analyser les textes de Marine Le Pen repose justement sur le calcul des corrélations entre mots au niveau du paragraphe pour dresser l'environnement thématique d'un mot.

« communautaristes », « assimilation », « musulmans », « immigration », « islamiste[s] », les lieux où elle revendique qu'on étende le principe d'invisibilité du religieux (entreprise, hôpital) et les « femmes ». L'égalité n'est pas mentionnée une seule fois dans l'ensemble des discours de Marine Le Pen sur la laïcité. Tandis que « catholique » n'apparaît jamais et « chrétien[s] » deux fois, « musulmans » (35 fois), « islam » et ses dérivés, « islamiste[s] », « islamisme » (110 fois), saturent les vingt-cinq textes concernés. Ce sont bien des individus ciblés en fonction de leur religion (« musulmans », « femmes ») et une communauté précise, et non le rapport de l'État, neutre, aux religions, qui est l'objet principal de la construction d'un sens nouveau de la laïcité dans le discours mariniste. L'« État » est quasiment absent (deux mentions), alors qu'il est, par contraste, le sixième mot le plus cité par les Français dans leurs réponses au questionnaire et le socle de la « laïcité d'État » d'un Jean-Luc Mélenchon.

Autrement dit, alors que les sympathisants du Front national se divisent dans leurs réponses entre laïcité républicaine et discours identitaire, Marine Le Pen véhicule quant à elle une vision unilatéralement identitaire et anti-islam de cette notion, sapant du même coup les sèmes de « liberté », de « respect » et d'« égalité » prisés massivement par les Français. Le « respect », troisième mot le plus cité par association d'idées par les Français, n'est jamais chez Marine Le Pen le respect de l'autre mais uniquement le respect des « lois » et surtout d'une identité française chrétienne (« respect de nos lois et de notre mode de vie, de nos principes d'unité, de méritocratie, le respect de notre culture, de notre identité »).

On aurait donc tort de réduire l'opinion des sympathisants du Front national sur la laïcité au discours, réducteur, ciblé et antirépublicain, de sa présidente. Mais réciproquement, on aurait également tort de penser qu'une vision identitaire, anti-islam de la laïcité n'appartient qu'aux partisans du Front national.

POLYSÉMIES
Laïcité républicaine et laïcité identitaire

UNE VISION RÉPUBLICAINE, LÉGALISTE ET HUMANISTE

Les Français interrogés expriment dans l'ensemble non seulement une opinion très majoritairement positive de la laïcité, mais aussi une vision dominante ouverte, égalitaire et humaniste.

Si, par association d'idées, la laïcité appelle d'abord immédiatement son quasi-antonyme[24] – « religion » – c'est ensuite une vision profondément républicaine qui se dégage (*figure 4*). Dans les mots spontanément évoqués trônent les valeurs de la devise nationale, « liberté » (2e mot le plus cité), « égalité » (6e), « fraternité » (46e), ainsi que « République » (9e), « droit » (15e), et une définition juridique de la notion comme « séparation » (11e) de l'« église » (20e) et de l'« État » (13e), et « neutralité » (12e) de ce dernier envers le « religieux » (7e) et les « religions » (6e). S'exprime massivement[25] un idéal humaniste de « tolérance » voire une « politique de la reconnaissance » (Taylor, 1992) qui insiste sur le respect des différences : « respect » est le troisième mot le plus cité, puis viennent dans le même esprit « tolérance » (12e), « libre » (20e), « choix » (23e), « vivre » (19e) notamment « vivre ensemble » (28e), « diversité » (35e), « respecter » (36e), « ouverture » (54e), « différence » (73e), « égaux » (78e), « partage » (87e).

1. religion
2. liberté
3. respect
4. école
5. égalité
6. croyances
7. imposer
8. valeurs
9. éducation
10. monde

24 « Religion » fait organiquement partie du champ sémantique de « laïcité » en tant que domaine d'application de la notion, mais il devient un quasi-antonyme dans certaines réponses : « pas de religion » (671 réponses), « aucune religion » (220 réponses), « absence de religion » (49), « anti-religieux », « antireligion », etc.

25 Plus de 14,7 % des Français citent immédiatement le mot « liberté » en entendant « laïcité » ; 14,3 % nomment le « respect ».

11. religions
12. état
13. religieux
14. république
15. signe
16. séparation
17. tolérance
18. neutralité
19. culte
20. droit
21. laïcité
22. France
23. doit
24. vivre
25. église
26. libre
27. voile
28. signes
29. choix
30. pays
31. religieuse
32. vie
33. publique
34. ensemble
35. public
36. diversité
37. respecter
38. lieux
39. religieuses
40. privée
41. communautarisme
42. croire
43. privé
44. penser
45. fraternité
46. croyance
47. laïque
48. pensée
49. pratiquer
50. publics
51. faire
52. neutre
53. ouverture
54. indépendance
55. lois
56. sphère
57. politique
58. écoles
59. ras

FIG. 4 – Classement des mots les plus fréquents associés à « laïcité ».

En contexte, ces mots renvoient majoritairement à un esprit de tolérance et d'« ouverture », deux mots souvent associés dans les réponses. Cette fois, le « respect[26] » s'exprime comme « respect de l'autre / des autres » (161 occurrences), « respect de toutes les religions / des religions »

26 Voici dans l'ordre de leur fréquence d'apparition en colocation avec « respect » les mots qui lui sont immédiatement accolés dans les réponses : « religion », « liberté », « école », « religions », « égalité », « tolérance », « République », « neutralité », « État », « croyances », « valeurs », « droit », « vivre », « religieux », « séparation », « culte », « signe », « choix », « diversité », « ensemble » (autrement dit, les mots les plus fréquemment associés à « respect » sont « religion », puis « liberté », etc.).

(361 occurrences), « respect des croyances d'autrui », « respect des cultes » dans un sens universaliste et égalitaire (« égalité des droits pour tous ») mais aussi dans une acception plus individualiste (« respect de chacun », « respect des valeurs de l'individu », « respect des convictions de chacun », « respect des différences »). On notera que ce « respect » est parfois conditionné à l'invisibilité (« le droit de vivre son culte sans l'exposer aux yeux de tous ») et à la privatisation du religieux (« respect de chaque religion tant que la religion reste dans la sphère privée »). La version identitaire de ce respect, où il s'agit d'affirmer une requête de respect de « nos coutumes », « nos lois », « nos valeurs », voire de « respecter que l'on mange du porc », n'est pas absente mais reste minoritaire.

Les Français énoncent dans leur ensemble un double « idéal » : égalité « pour tous » (« toutes les religions », « pour tous, équité, aucune distinction », « tous égaux ») et diversité (« mixité », « mélange » « pluriculturel », « diversité, apport des cultes différents », « reconnaissance des différences », « accepter l'autre », « pluralisme ») qui conduiraient à « l'harmonie », la « paix » (« respect, vivre en harmonie, échange apaisé, richesse », « fondamental pour vivre en harmonie dans une société apaisée »). On trouve ici les traces de plusieurs vagues de sédimentation du sens de la « laïcité » : l'idéal universaliste d'égalité de tous quelles que soient leurs croyances et l'égalité de toutes les religions face à l'État (Peña-Ruiz, 2003, p. 21, 148-149), et la « mutation » (Baudouin et Portier, 2001, p. 25-26) de cette conception universaliste vers une acception pluraliste qui met l'accent sur le respect des identités religieuses individuelles et leur diversité.

LA LAÏCITÉ AU QUOTIDIEN : LES TRACES DES POLÉMIQUES MÉDIATIQUES

À côté de ce champ sémantique abstrait, atemporel, universaliste, centré sur les valeurs et les grands principes juridiques, court un autre fil thématique, concret et contextualisant, qui concerne l'application de la laïcité et les religions qu'elle touche. La laïcité s'incarne dans l'évocation des lieux et des formes du religieux qui ont justement fait débat dans l'actualité récente : « école » (4e), « signe » (9e), « voile » (21e), « signes » (22e) notamment « ostentatoire[s] » (68e), « lieux » (38e) « publics » (52e), « sphère » (57e) « privée » (40e), « communautarisme » (41e), et, assez loin, « islam » (67e). L'aire sémantique de la laïcité est ainsi structurée autour de grands pôles antithétiques : « public/privé » ; « imposer »/« liberté » ; « Églises/État », « visible/discret ».

Affleurent ici les traces de polémiques récentes qui colorent le mot « laïcité » de leurs images rhétoriques et visuelles[27]. Le propre de ces controverses médiatiques[28], telles que les débats sur les lois de 2004 et 2010 ou sur le voile des mères accompagnantes à l'école, est de faire circuler la parole d'une diversité d'acteurs publics et donc de produire du discours, une mise en scène et en mots de la notion sujette à controverse (Charaudeau, 2015). Cristallisent alors dans l'imaginaire collectif des associations d'idées et de mots autour de la laïcité, mots pris dans le flux de l'histoire nationale. La cooccurrence répétée dans les interventions médiatiques des mots « laïcité », « signe », « voile » « public » ou « halal » crée un effet de corrélation et amalgame au champ sémantique de « laïcité » de nouveaux vocables absents avant les années 1990 et la première histoire du « foulard[29] ». *A contrario*, la thématique de l'« école privée » par opposition à « la laïque » a presque totalement disparu de l'image mentale associée à la laïcité, alors que c'était un terrain de lutte majeur dans les années 1980.

On constate aujourd'hui la prévalence de « l'école » comme lieu névralgique de tensions autour de l'application de la laïcité, de même que la question des « signes[30] » (« visibles », « ostentatoires », « distinctifs », « extérieurs ») et les expressions, très nombreuses, d'une exigence d'invisibilité totale de la religion dans « l'espace public », « la sphère publique », voire « la rue », « l'université », « le travail », « l'entreprise », n'importe où ailleurs qu'à la « maison[31] ». Alors que l'interdiction du

27 Les couvertures de magazines titrant sur « Le spectre islamiste » (*Le Point*, février 2011), « Cet islam sans gêne » (*Le Point*, 31 octobre 2012), « Laïcité, intégration, éducation : La République face à l'islam » (*L'Express*, 4 février 2015), « Pourquoi l'islam fait peur » (*Marianne*, 14 mai 2011), « Naturalisés : l'invasion qu'on cache » (*Valeurs actuelles*, 26 septembre 2013), et autres « Islam, le danger communautarisme » (*L'Express*, 9 octobre 2013), toutes montrant des femmes voilées ou portant un niqab, participent de cette construction des images mentales associées à l'islam et à la laïcité.

28 D'autres controverses n'impriment pas : la laïcité est très peu associée à l'activisme de groupes religieux contre le mariage pour tous (cinq mentions) car les relais médiatiques pour pointer au nom de la laïcité que la loi n'a pas à prendre en compte ces convictions ont été peu rares (Baubérot, 2015).

29 On notera l'effacement du terme « foulard » (56 occurrences), très utilisé au moment de « l'affaire du foulard » de Créteil en 1989, au profit de « signe(s) » ou « voile ».

30 Cette question n'est pas propre à la France. Voir Lacorne (2012).

31 Quelques exemples de verbatim représentatifs : « pas de religion dans les lieux publics », « pas de signes extérieurs de la religion », « absence de signes religieux », « aucune religion visible », « aucun signe », « la religion à la maison », « ne pas afficher sa religion ».

port de signes manifestant ostensiblement l'appartenance à une religion ne concerne que les écoles publiques et les employés des administrations publiques dans l'exercice leurs missions, la focalisation des débats du législateur et des médias sur la présence du voile dans certains contextes a durablement ancré l'association mentale entre les deux mots. L'idée, erronée au regard du droit, d'une exigence légale d'invisibilité ou même de discrétion des signes d'appartenance religieuse partout dans l'espace public s'est enracinée. On mesure ici l'influence de certains discours politiques qui jouent de la polysémie des mots « public » et « privé ». La confusion entre « sphère privée » comme métaphore de la liberté de conscience des individus garantie par la laïcité et « sphère privée » comme lieu tangible d'habitation par opposition aux lieux publics n'est pas nouvelle (Baubérot, 2015 ; Roy, 2005), mais elle a été réactivée et martelée par les propositions de certains responsables politiques d'étendre l'interdiction du voile à l'université (Manuel Valls), à l'entreprise (Nicolas Sarkozy) ou à tout l'espace public (Marine Le Pen). On touche du doigt ici la circulation des *topoi* ou expressions toutes faites sur la laïcité entre discours de responsables politiques, médias et simples citoyens.

Contrairement à ce qu'on aurait pu attendre, l'islam ne vient pas immédiatement à l'esprit des Français lorsqu'ils sont interrogés sur la laïcité – du moins pas directement. Le mot « islam » n'est cité que 144 fois, un chiffre à rapporter aux 19693 réponses. C'est le « voile » qui pour ainsi dire cache l'islam dans le vocabulaire des Français (*figure* 5). Le champ lexical de l'islam, et surtout les dénominations du voile (niqab, burka, foulard) est surreprésenté par rapport à celui des autres religions. C'est moins l'islam en tant que croyance qui est ciblé que la visibilité des musulmans : c'est leur « étrangeté », tant d'origine que de comportement, qui pose problème à certains.

« signe[s] »	1087
« voile »	446
« foulard »	56
« niqab »	6
« burka »	47
« chador »	8

« kippa »	32
« croix »	56
« crucifix »	2
« étoile »	2
« islam »	144
famille lexicale (islamiste, islamisation, islamisme…)	23
« islamophobie »	14
« musulman »	175
« chrétien- »	147
« christianisme »	20
« catholique »	103
« protestant »	9
« juif »	25
« bouddhiste »	6

FIG. 5 – Le vocabulaire religieux par religion (corpus lemmatisé).

UNE LAÏCITÉ IDENTITAIRE

C'est d'ailleurs autour de l'islam que cristallise un deuxième versant de la laïcité : une laïcité identitaire qui se distingue de la laïcité républicaine en ce qu'elle est tout à la fois minoritaire, stigmatisante et obnubilée par les atteintes non aux lois, mais à l'identité de la France (Liogier, 2012 ; Baubérot, 2015). La laïcité remplit alors la même fonction que le catholicisme chez les anti-laïcs identitaires analysés plus haut[32]. Là où les catholiques réfractaires affirmaient « La France est un pays catholique » pour rejeter l'islam, les laïcs version identitaire allèguent la laïcité : « la France est un pays laïque on a pas [sic] à nous imposer des choses venant de religions comme le manger

32 Il existe d'ailleurs une forme mixte de « laïcité identitaire catholique » où la laïcité n'est pas rejetée mais amalgamée avec la défense d'une culture française ancestrale chrétienne : « la laïcité doit être la même pour tous, ce n'est pas le cas ! La république est laïque. La France et les Français sont de tradition judéo-chrétienne ».

halal[33] ». Il n'est plus question d'un « État laïc », de la laïcité comme régime politique et construction juridique, mais d'une « France laïque », d'un « pays laïc », d'une « société laïque », avec toutes les ambiguïtés de ces expressions, où la sécularisation des sociétés, phénomène anthropologique qui concerne le rapport des individus à la foi, est confondue avec le sécularisme, régime politique qui affirme la séparation de l'État et du religieux (Gauchet, 1998 ; Roy, 2005 ; Monod, 2007).

Catholiques et laïcs identitaires partagent les mêmes expressions, les mêmes cibles (les musulmans uniquement), les mêmes reproches (leur visibilité, leur présence), et une même syntaxe propre aux discours identitaires (Alduy, 2015) : surabondance du verbe « être[34] » au présent pour évoquer une essence atemporelle ; tautologies (« être en France, c'est être en France ») et antanaclase (« La France n'est plus la France »), identification avec un « nous » qui sous-entend un « eux » sans légitimité[35].

La laïcité n'est plus un idéal d'égalité mais une spécificité franco-française à défendre au nom d'une identité culturelle menacée : « J'aimerais que l'on respecte notre laïcité, pas de foulard, pas de burqa, rien d'ostentatoire, gardons nos valeurs, la France n'est plus la France, elle est devenue arabe, notre pays est en train de se transformer [...] ». Nostalgie d'une identité perdue et hantise du « remplacement » dominent cet imaginaire. Mot-paravent, « laïcité » n'est plus ici l'antonyme de « religion » mais de « musulmans », mot qui lui reste souvent sous-entendu.

Ainsi, la laïcité a beau être une valeur consensuelle pour une grande majorité de Français, elle reste propice aux interprétations divergentes. Lue à travers le prisme d'obsessions et de valeurs disparates, elle est définie par certains comme un idéal de respect et d'harmonie mais aussi utilisée par d'autres comme fer de lance d'un combat identitaire.

Mais la « majorité silencieuse » n'est pas celle qu'avait en tête un Nicolas Sarkozy lorsqu'il affirmait que les Français attendent qu'on leur

33 Autres exemples : « Pays laïc, alors pourquoi certaines personnes s'habillent comme dans leur pays d'origine et ne respectent pas le pays qui les accueille », « Notre pays laïque se laissent [*sic*] gangréné par des religions qui, il y a 20 ou 30 ans n'étaient pas ou peu présentent ».

34 « La France *est* un pays laïque alors gardons le tel qu'il *est* » ; « nous *sommes* une société laïque ou les symboles religieux ostentatoires n'ont pas leur place, en particulier le voile ».

35 « Nous sommes en France et respecter notre pays », « Nous sommes en France suppression du voile Laisser la France avec sa laïcité », etc.

parle d'identité, de lutte contre le communautarisme et l'immigration. La laïcité que proposent les Français interrogés est massivement celle d'une valeur profondément ouverte, humaniste et républicaine. Une laïcité non stigmatisante, qui n'évoque pas systématiquement le spectre de l'intégrisme ni une religion en particulier. Loin d'être menacée, la laïcité est embrassée de manière massive et consensuelle. Loin d'être pensée contre un groupe ou un autre, elle se veut égalitaire et respectueuse de tous. Loin d'être l'apanage des non-croyants ou des Français « de souche » elle est prisée transversalement et évoque les mêmes valeurs et réalités pour tous.

Certes, le champ sémantique du mot « laïcité » porte la marque des polémiques récentes. Mais la notion conserve aussi une part d'inertie, de résistance aux colorations suggérées par l'actualité. L'effet de loupe de la couverture médiatique des débats sur la laïcité est un miroir déformant : contrairement aux prévisions pessimistes de Jean Baubérot, la vision socialement dominante n'est ni celle de la droite extrême, ni celle des « Unes » tapageuses sur le voile. Cette résilience face aux entreprises récentes de re-sémantisation et d'instrumentalisation politique ne doit cependant pas faire baisser la garde à tous ceux qui sont attachés à ce que ce mot unique dans la langue ne soit ni vidé ni détourné de son sens.

Cécile ALDUY
Stanford University

ANNEXE

Opinion sur Laïcité		Positif	Ni pos. Ni nég.	Négatif	NR
Ensemble		64,8	26,9	8,2	0,1
Sexe	Homme	64,2	26,9	8,8	0,0
	Femme	65,3	26,9	7,7	0,1
PCS de la personne de référence	Agriculteur exploitant	59,1	32,4	8,6	
	Profession indépendante	64,3	26,9	8,9	
	Cadre supérieur	71,9	22,8	5,2	0,1
	Profession intermédiaire	69,4	24,1	6,5	0,0
	Employé	63,5	27,9	8,6	0,1
	Ouvrier	56,8	30,7	12.5	0,1
	Retraité	65,0	27,4	7,6	0,0
	Autre inactif	63,9	25,6	10,5	
Le diplôme le plus élevé que vous ayez obtenu	Aucun diplôme, CEP	48,9	36,4	14,6	
	BEPC, CAP, BEP	57,8	31,1	11,0	0,1
	BAC	64,7	26,6	8,7	
	BAC + 2/+3	69,3	24,2	6,5	0,0
	BAC + 4 ou plus / Grandes Écoles	71,9	23,2	4,8	0,1
Revenu mensuel net du foyer	Moins de 1 250 euros	58,3	30,6	11,0	0,1
	De 1 500 à 1 999 euros	61,1	29,7	9,2	0,0
	De 2 000 à 2 499 euros	63,5	27,2	9,1	0,1
	De 2 500 à 3 449 euros	65,7	26,4	7,9	0,0

	De 3 500 à 5 999 euros	69,9	23,8	6,2	0,1
	6 000 euros et plus	70,3	23,6	6,1	
Religion	Catholique	59,2	31,4	9,4	0,0
	dont Pratiquant régulier	43,1	40,7	26,2	
	dont Pratiquant occasionnel	43,1	35,9	9,2	
	dont Non pratiquant	62,3	28,9	8,7	0,0
	Protestante	61,3	29,8	8,4	0,5
	Juive	76,8	18,4	4,8	
	Musulmane	56,5	29,2	14,2	
	dont Pratiquant	52,1	33,6	14,3	
	Bouddhiste	71,0	17,7	11,2	
	Sans religion	73,7	20,1	6,1	0,1
Pays d'origine parents ou grands-parents	Italie	66,1	24,7	9,1	0,1
	Espagne	66,9	23,8	9,2	0,1
	Portugal	62,2	30,8	7,0	
	Un pays d'Afrique du Nord	65,9	24,2	9,8	
	Un pays d'Afrique Noire	72,3	24,3	3,4	
	Un pays d'Asie	73,8	17,3	8,1	0,8
Vous êtes…	Français de naissance	64,8	26,9	8,3	0,1
	Français par acquisition	66,6	26,5	6,9	

Données de l'Enquête électorale française 2017 (Source : CEVIPOF, ENEF 2017).

BIBLIOGRAPHIE

ALDUY, Cécile, « Mots, mythes, médias. Mutations et invariants du discours frontiste », dans CRÉPON, Sylvain, DÉZÉ, Alexandre et MAYER, Nonna (dir.), *Les faux-semblants du Front national. Sociologie d'un parti politique*, Paris, Presses de Science Po, 2015, p. 247-268.

ALDUY, Cécile, « Nouveaux discours, nouveaux succès », *Pouvoirs*, vol. 2, nº 157, 2016, p. 17-29.

ALDUY, Cécile, *Ce qu'ils disent vraiment. Les politiques pris au mot*. Seuil, 2017.

ALDUY, Cécile et WAHNICH, Stéphane, *Marine Le Pen prise aux mots. Décryptage du nouveau discours frontiste*, Paris, Seuil, 2015.

AMENGAY, Abdelkarim, DUROVIC, Anja et MAYER, Nonna, « L'impact du genre sur le vote Marine Le Pen », *Revue françaises de science politiques*, vol. 67, nº 6, 2017, p. 1067-1087.

AMIRAUX, Valérie, « L' "affaire du foulard" en France : retour sur une affaire qui n'en est pas encore une », *Sociologie et sociétés*, vol. 41, nº 2, 2009, p. 273-298.

AMIRAUX, Valérie, « Le port de la "burqa" en Europe : comment la religion des uns est devenue l'affaire publique des autres », dans KOUSSENS, David et ROY, Olivier (dir.), *Quand la burqa passe à l'ouest. Enjeux éthiques, politiques et juridiques*, Rennes, Presses universitaires de Rennes, 2014, p. 15-37.

AMIRAUX, Valérie, « Visibilité, transparence et commérage : de quelques conditions de possibilité de l'islamophobie… et de la citoyenneté », *Sociologie*, vol. 5, nº 1, 2014, p. 81-95.

AMIRAUX, Valérie, « Visibility, transparency and gossip : How did the religion of some (Muslims) become the public concern of other ? », *Critical Research on Religion*, vol. 4, nº 1, 2016, p. 141-157.

AMIRAUX, Valérie et GAUDREAULT-DESBIENS, Jean-François, « Libertés fondamentales et visibilité des signes religieux en France et au Québec : Entre logiques nationales et non nationales du droit ? », *Recherches sociographiques*, 2016, vol. 57, nº 2-3, p. 351-378.

AMIRAUX, Valérie et KOUSSENS, David, « La neutralité de l'État à l'épreuve du pluralisme », dans Amiraux, Valérie et David Koussens (dir.), *Trajectoires de la neutralité*, Montréal, Presses de l'Université de Montréal, 2014, p. 7-17.

AMIRAUX, Valérie et KOUSSENS, David, « From Law to Narratives : Unveiling

Contemporary French Secularism », dans GONZALEZ, Francisco Colom et D'AMATO Gianni (dir.), *Multireligious Societies. Dealing with Religious Diversity in Theory and Practice*, New-York, Routledge, 2016, p. 117-132.

AYIM, Maryann, « Knowledge Through the Grapevine : Gossip as Enquiry », dans GOODMAN, Robert F. and BEN-ZE'EV, Aaron (dir.), *Good Gossip*, Lawrence, University of Kansas Press, 1994, p. 85-99.

BALIBAR, Étienne « Faut-il qu'une laïcité soit ouverte ou fermée ? », *Mots. Les langages du politique*, nº 27, juin 1991, p. 73-80.

BARBIER, Maurice, « Esquisse d'une théorie de la laïcité », *Le Débat*, vol. 5, nº 77, 1993, p. 64-76.

BARTH, Britt-Mari, *L'apprentissage de l'abstraction*, Paris, Retz, 1987.

BARTHÉLEMY, Martine et MICHELAT, Guy, « Dimensions de la laïcité dans la France d'aujourd'hui », *Revue française de science politique*, vol. 57, nº 5, 2007, p. 649-698.

BAUBÉROT, Jean, *Histoire de la laïcité française.* Paris, Presses universitaires de France, 2000.

BAUBÉROT, Jean, « 1905-2005 : La laïcité française et les minorités religieuses », *Études théologiques et religieuses*, t. 82, nº 1, 2007, p. 67-80.

BAUBÉROT, Jean, « L'affaire des foulards et la laïcité à la française », *L'Homme et la société*, nº 120, 1996, p. 9-16.

BAUBÉROT, Jean, *Laïcité 1905-2005, entre passion et raison*, Paris, Seuil, 2004.

BAUBÉROT, Jean, « Le Québec serait fou d'imiter un pseudo-modèle français », dans MC ANDREW, Marie, MILOT, Micheline, IMBEAULT, Jean-Sébastien et EID, Paul (dir.) *L'accommodement raisonnable et la diversité religieuse à l'école publique. Normes et pratiques*, Montréal, Fides, 2008a, p. 159-176.

BAUBÉROT, Jean, *La laïcité interculturelle. Le Québec, avenir de la France ?*, Paris, Éditions de l'Aube, 2008b.

BAUBÉROT, Jean, *La Laïcité expliquée à Monsieur Sarkozy*, Paris, Albin Michel, 2008c.

BAUBÉROT, Jean, *La Laïcité falsifiée*, Paris, La Découverte, 2012.

BAUBÉROT, Jean, *Les sept laïcités françaises. Le modèle français de laïcité n'existe* pas, Paris, Éditions de la Maison des sciences de l'homme, 2015.

BAUDOUIN, Jean et PORTIER, Philippe, « La laïcité française. Approche d'une métamorphose », dans BAUDOUIN, Jean et PORTIER, Philippe (dir.), *La laïcité. Une valeur d'aujourd'hui ?*, Rennes, Presses universitaires de Rennes, coll. Res Publica, 2001, p. 15-35.

BAUMEL, Laurent et KALFON, François, *L'Équation gagnante*, Paris, Éditions le Bord de l'Eau, 2011.

BEAMAN, Lori G. et SMITH, Lisa, « "Dans leur propre intérêt" : La Charte des valeurs québécoises, ou du danger de la religion pour les femmes », *Recherches sociographiques*, vol. 57, nº 2-3, 2016, p. 475-504.

BEAUCHEMIN, Jacques, « Les paradoxes de l'ethos pluraliste dans la société des identités », dans MERCIER, Charles et WARREN, Jean-Philippe (dir.), *Identités religieuses et cohésion sociale : la France et le Québec à l'école de la diversité*, Lormont, Le Bord de l'eau, 2016, p. 105-113.

BEAUGÉ, Julien, *La force d'une institution disqualifiée : les logiques sociales du voilement des musulmanes en France*, Thèse de science politique, Amiens, 2013.

BECKER, Howard, *Outsiders. Essais de sociologie de la déviance*, Paris, Métailié, 1985.

BEIGBEDER, Charles et DUMOULIN, Benoît, *Charnellement de France*, Paris, Pierre-Guillaume de Roux, 2016.

BÉRAUD, Céline, DE GALEMBERT, Claire et ROSTAING, Corinne, *De la religion en prison*, Rennes, Presses universitaires de Rennes, coll. « Sciences des Religions », 2016.

BÉRAUD, Céline et WILLAIME, Jean-Paul (dir.), *Les Jeunes, l'École et la Religion*, Montrouge, Bayard, 2009.

BERGOUNIOUX, Alain et BOUVET, Laurent, *Lettres sur la laïcité*, Paris, Fondation Jean Jaurès, 2019.

BETTINI, Maurizio, *Contre les racines*, Paris, Flammarion, 2017.

BETZ, Hans Georg, *La droite populiste en Europe. Extrême et démocrate ?*, Paris, Autrement, 2004.

BIDAR, Abdennour, *Pour une pédagogie de la laïcité à l'école*, Paris, La Documentation Française, 2012.

BIRCHALL, Clare, « The Politics of Openness and Opacity. Introduction to "Transparency" », *Theory, Culture & Society*, vol. 28, n° 7-8, 2011, p. 7-25.

BLEICH, Erik, *Race Politics in Britain and France : Ideas and Policymaking since the 1960s*, Cambridge University Press, 2003.

BOCK-CÔTÉ, Mathieu, *Le Multiculturalisme comme religion politique*, Paris, Le Cerf, 2016.

BOK, Sissela, *Secrets : On the Ethics of Concealment and Revelation*, Oxford, Oxford University Press, 1982.

BONNAFOUS, Simone, « Quand la presse catholique parle de "laïcité" », *Mots. Les langages du politique*, n° 27, 1991, p. 59-72.

BOONE, Damien, *La politique racontée aux enfants : des apprentissages pris dans des dispositifs entre consensus et conflit : une étude des sentiers de la (dé) politisation des enfants*, thèse de doctorat, Université du droit et de la santé, Lille, 2013.

BOSSET, Pierre, « Le droit et la régulation de la diversité religieuse en France et au Québec : une même problématique, deux approches », *Bulletin d'histoire politique*, vol. 13, n° 3, 2008, p. 79-95.

BOUVET, Laurent, *L'Insécurité culturelle : sortir du malaise identitaire français*, Paris, Fayard, 2015.

BOUVET, Laurent, *La nouvelle question laïque*, Paris, Flammarion, 2019.

BOWEN John R., *Blaming Islam*, Cambridge (Mass.), The MIT Press, 2012.

BOZEC, Géraldine, *Éducation à la citoyenneté à l'école : politiques, pratiques scolaires et effets sur les élèves*, Paris, Conseil national d'évaluation du système scolaire (Cnesco), 2016.

BOZEC, Géraldine, *Les Héritiers de la République : éduquer à la citoyenneté à l'école dans la France d'aujourd'hui*, thèse de doctorat, Institut d'études politiques, Paris, France, 2010.

BOZEC, Géraldine, « Émanciper et conformer : les tensions de la socialisation civique à l'école primaire », *Recherches en éducation*, n° 20, octobre 2014, p. 52-65.

BRUNEAU, Jean-François, « Appartenances religieuses et ethniques chez les collégiens français. Discrimination, laïcité et climat scolaire », dans MERCIER, Charles et WARREN, Jean-Philippe (dir.), *Identités religieuses et cohésion sociale : la France et le Québec à l'école de la diversité*, Lormont, Le Bord de l'eau, 2016, p. 171-178.

BRUSTIER, Gaël, *Voyage au bout de la droite. La guerre culturelle aura bien lieu*, Paris, Mille et une nuits, 2013.

CABANEL, Patrick, *Entre Religions et Laïcité : la voie française XIXe-XXIe siècles*, Toulouse, Privat, 2007.

CABANEL, Patrick, « Protestants et juifs français : des précurseurs de la laïcité », *Romantisme*, vol. 162, n° 4, 2013, p. 23-32.

CAHON, Julien, « Le parti socialiste : faire un Bad Godesberg sur la laïcité ? » dans FERHAT, Ismaïl (dir.), *Les foulards de la discorde. Retours sur l'affaire de Creil 1989*, Paris, Éditions de l'Aube, 2019.

CAMUS, Jean-Yves, *Le Front national. Histoire et analyse*, Paris, Éditions Olivier Laurens, 1997 [1996].

CARDON, Dominique, « L'ordre du Web », *Médium*, vol. 4, n° 29, 2011, p. 191-202.

CARIOU, Didier, « La conceptualisation en histoire au lycée : une approche par la mobilisation et le contrôle de la pensée sociale des élèves », *Revue française de pédagogie*, n° 147, 2004, p. 57-67.

CAUTRÈS, Bruno, PINA, Céline et TALIN, Kristoff, « L'influence de la religion sur les attitudes politiques : essai d'analyse spatio-temporelle dans l'Union européenne », dans BRÉCHON, Pierre et CAUTRÈS, Bruno (dir.), *Les enquêtes Eurobaromètres. Analyse comparée des données socio-politiques*. Paris, L'Harmattan, 1998, p. 269-286.

CIAUDO, Alexandre, « Les crèches de Noël dans les bâtiments publics : la messe est dite », *Les Cahiers de la LCD*, n° 3, janvier 2017, p. 59-71.

CHARAUDEAU, Patrick (dir.), *La Laïcité dans l'arène médiatique. Cartographie d'une controverse sociale*, Paris, Ina Éd., coll. « Médias essais », 2015.

CHEBEL D'APPOLLONIA, Ariane, *L'extrême droite en France. De Maurras à Le Pen*, Bruxelles, Éditions Complexe, 1988.

CHEVALLARD, Yves, *La transposition didactique : du savoir savant au savoir enseigné*, Grenoble, Éditions la Pensée sauvage, 1985.

CNESCO, *Laïcité et religion au sein de l'école et dans la société : évaluation des attitudes citoyennes des collégiens et des lycées* [rapport], Paris, Cnam, 2020, disponible en ligne : http://www.cnesco.fr/fr/laicite-a-lecole-et-dans-la-societe/ (consulté le 12 février 2020).

COLLOVALD, Annie, « Des désordres sociaux à la violence urbaine », *Actes de la recherche en sciences sociales*, vol. 136-137, mars 2001, p. 104-113.

COS, Rafaël, *Les socialistes croient-ils à leurs programmes ? Démobilisations et recompositions des activités programmatiques au Parti socialiste (1995-2012)*, thèse de science politique, université de Lille, 2017.

CRÉPON, Sylvain, *La nouvelle extrême droite. Enquête sur les jeunes militants du Front national*, Paris, L'Harmattan, coll. « Logiques politiques », 2006.

CRÉPON, Sylvain, « Du racisme biologique au différentialisme culturel : les sources anthropologiques du GRECE », dans CRÉPON, Sylvain et MOSBAH-NATANSON, Sébastien (dir.), *Les sciences sociales au prisme de l'extrême droite. Enjeux et usages d'une récupération idéologique*, Paris, L'Harmattan, coll. « Les cahiers politiques », 2008.

CRÉPON, Sylvain, *Enquête au cœur du nouveau Front national*, Paris, Nouveau monde éditions, coll. « Les enquêteurs associés », 2012.

CRÉPON, Sylvain, « La politique des mœurs au Front national », dans CRÉPON, Sylvain, DÉZÉ, Alexandre et MAYER, Nonna (dir.), *Les faux-semblants du Front national*, Paris, Presses de Science Po, 2015, p. 185-206.

DALPÉ, Samuel et KOUSSENS, David, « Les discours sur la laïcité pendant le débat sur la "Charte des valeurs de la laïcité". Une analyse lexicométrique de la presse francophone québécoise », *Recherches sociographiques*, vol. 57, n° 2-3, 2016, p. 455-474.

DANDRIEU, Laurent, *Église et immigration : le grand malaise*, Paris, Plon, 2017.

DANIC, Isabelle, DELALANDE, Julie et RAYOU, Patrick, *Enquêter auprès d'enfants et de jeunes : objets, méthodes et terrains de recherche en sciences sociales*, Rennes, Presses universitaires de Rennes, 2006.

DEBRAY, Régis, *Ce que nous voile le voile. La République et le sacré*, Paris, Gallimard, 2004.

DE COCK, Laurence et MEYRAN, Régis (dir.), *Paniques identitaires*, Bellecombe-en-Bauges, Éditions du Croquant, 2017.

DELALANDE, Julie, *La Cour de récréation : pour une anthropologie de l'enfance*, Rennes, Presses universitaires de Rennes, coll. « Le sens social », 2001.

DESCOURS, Guillaume, « Beaucaire : le maire FN supprime les menus sans porc dans les cantines scolaires », *lefigaro.fr*, 9 janvier 2018.

De Rudder, Véronique, Poiret, Christian et Vourc'h, François, *L'inégalité raciste : l'universalité républicaine à l'épreuve*, Paris, PUF, 2000.

De Villiers, Philippe, *Les cloches sonneront-elles encore demain ?*, Paris, Albin Michel, 2016.

Dézé, Alexandre, *Le Front national. À la conquête du pouvoir ?*, Paris, Armand Colin, 2012.

Doob, Anthony. N. et Roberts, Julian V., « Social Psychology, Social Attitudes, and Attitudes Toward Sentencing », *Canadian Journal of Behavioural Science / Revue canadienne des sciences du comportement*, vol. 16, n° 4, 1984, p. 269-280.

Ducange, Jean-Numa, *Jules Guesde*, Paris, Armand Colin, 2017.

Dulong, Renaud, « Les opérateurs de factualité. Les ingrédients matériels et affectuels de l'évidence historique », *Politix*, vol. 10, n° 39, 1997, p. 65-85.

Fall, Khadiyatoulah et Vignaux, Georges, *Image de l'autre et de soi. Les accommodements raisonnables entre préjugés et réalité*, Québec, Presses de l'Université Laval, 2008.

Fassin, Éric, « National Identities and Transnational Intimacies : Sexual Democracy and the Politics of Immigration in Europe », *Public Culture*, vol. 22 n° 3, 2010, p. 507-529.

Fassin, Éric, *Gauche, l'avenir d'une désillusion*, Paris, Textuel, 2014.

Favell, Adrian, *Philosophies of Integration : Immigration and the Idea of Citizenship in France and Britain*, Londres, Macmillan, 1998.

Ferhat, Ismaïl, « Toujours au centre ? Le PS et la laïcité, du Congrès d'Épinay à la loi de 2004 », *Note de la Fondation Jean-Jaurès*, n° 163, 9 avril 2013.

Ferhat, Ismaïl, « Une valeur qui (dés)unit ? Le PS et la laïcité, du Congrès d'Épinay à la Commission Stasi », *Parlements*, n° 23, mai 2016, p. 193-205.

Ferhat, Ismaïl, *Socialistes et enseignants. Le Parti Socialiste et la Fédération de l'Éducation Nationale de 1971 à 1992*, Bordeaux, Presses Universitaires de Bordeaux, 2018.

Ferrari, Alessandro, « De la politique à la technique : laïcité narrative et laïcité du droit. Pour une comparaison France/Italie », dans Basdevant-Gaudemet, Brigitte et Jankowiak, François (dir.), *Le droit ecclésiastique de la fin du* XVIII*e au milieu du* XX*e siècle en Europe*, Leuven, Peeters, 2009, p. 333-345.

Fetouh, Marik, « La laïcité au service du vivre-ensemble : la ville de Bordeaux et les religions », dans Mercier, Charles et Warren, Jean-Philippe (dir.), *Identités religieuses et cohésion sociale : la France et le Québec à l'école de la diversité*, Lormont, Le Bord de l'eau, 2016, p. 307-312.

Fiala, Pierre, « Les termes de la laïcité. Différenciation morphologique et conflits sémantiques », *Mots. Les langages du politique*, n° 27, juin 1991, p. 41-57.

Fine, Gary Alan et Turner, Patricia A., *Whispers on the Color Line : Rumor and Race in America*, Berkeley, University of California Press, 2001.

FOURQUET Caroline, *Le Génie de la laïcité*, Paris, Grasset, 2018.

FOURQUET, Jérôme, « Le vote des électorats confessionnels au second tour de l'élection présidentielle », *Pèlerin Magazine*, 7 mai 2017.

GARBAYE, Romain, *Getting into Local Power : the Politics of Ethnic Minorities in British and French Cities*, Oxford, Blackwell, 2005.

GAUCHET, Marcel, *La Religion dans la démocratie : parcours de la laïcité*, Paris, Gallimard, 1998.

GEAY, Bertrand, *Le Syndicalisme enseignant*, Paris, La Découverte, 1997.

GEISSER, Vincent et ZEMOURI, Aziz, *Marianne et Allah : Les Politiques français face à la « question musulmane »*, Paris, La Découverte, 2007.

GIASSON, Thierry, BRIN, Colette et SAUVAGEAU, Marie-Michèle, « La couverture médiatique des accommodements raisonnables dans la presse écrite québécoise : Vérification de l'hypothèse du tsunami médiatique », *Canadian Journal of Communication*, vol. 35, n° 3, 2010, p. 431-453.

GILLIAM, Franklin. D. et IYENGAR, Shanto, « Prime Suspects : The Influence of Local Television News on the Viewing Public », *American Journal of Political Science*, vol. 44, n° 3, 2000, p. 560-573.

GIRAULT, Jacques (dir.), *Les Enseignants dans la société française au XXe siècle. Itinéraires, enjeux, engagements*, Paris, Publications de la Sorbonne, 2004.

GOMBIN, Joël, « Le changement dans la continuité. Géographies électorales du Front national depuis 1992 », dans CRÉPON Sylvain, DÉZÉ Alexandre et MAYER Nonna (dir.), *Les faux-semblants du Front national*, Paris, Presses de Science Po, 2015, p. 395-416.

GRESH, Alain et TUBIANA, Michel, *1905-2005, Les enjeux de la laïcité*, Paris, L'Harmattan, 2005.

GUILLAUMIN, Colette, *Race et Nature : système des marques, idée de groupe naturel et rapport sociaux*, Paris, Pluriel, 1977.

GUILLET, Nicolas et AFIOUNI, Nadia (dir.), *Les Tentatives de banalisation de l'extrême droite en Europe*, Bruxelles, Éditions de l'Université de Bruxelles, 2016.

GUILLY, Christophe *La France périphérique : Comment on a sacrifié les classes populaires*, Paris, Flammarion, 2014.

HEINRICH, Jeff et DUFOUR, Valérie, *Circus quebecus. Sous le chapiteau de la commission Bouchard-Taylor*, Montréal, Boréal, 2008.

HAJJAT, Abdellali et MOHAMMED, Marwan, *Islamophobie : Comment les élites françaises fabriquent le « problème musulman »*, Paris, La Découverte, 2013.

HELLY, Denise, « Deux majorités culturelles face à la tolérance religieuse : les débats sur le statut de la religion dans la sphère publique, Europe, Amérique du Nord », dans ELIAS, Amin, JOMIER, Augustin et KHATCHADOURIAN, Anaïs-Trissa (dir.), *Laïcités et musulmans, débats et expériences (XIXe-XXe siècles)*, Berlin, Peter Lang, Coll. « Dynamiques citoyennes en Europe », 2014, p. 181-194.

HELLY, Denise et NADEAU, Frédérick, « Une extrême droite en émergence ? Les pages Facebook pour la charte des valeurs québécoises », *Recherches sociographiques*, vol. 57, n° 2-3, mai-décembre, 2016, p. 505-521.

HENNETTE VAUCHEZ, Stéphanie et VALENTIN, Vincent, *L'affaire Baby Loup ou la nouvelle laïcité*, Paris, LGDJ, coll. « Exégèses », 2014.

HOBSBAWM, Éric et RANGER, Terence (dir.), *L'Invention de la tradition*, Paris, Éditions Amsterdam, 2012.

JODELET, Denise (dir.), *Les Représentations sociales*, Paris, PUF, 2003.

JUHEM, Philippe, « Entreprendre en politique. De l'extrême gauche au PS : La professionnalisation politique des fondateurs de SOS-Racisme », *Revue française de science politique*, vol. 51, n° 1-2, 2001, p. 131-153.

KAUFMANN, Jean-Claude, *Burkini. Autopsie d'un fait divers*, Paris, Éditions Les liens qui libèrent, 2017.

KHEIR, Mayyada, *Le vocabulaire de la laïcité de Guizot à Ferry*, thèse en Histoire et civilisations, EHESS, 2014.

KHOSROKHAVAR, Farhad et WIEVIORKA, Michel, *Les Juifs, les Musulmans et la République*, Paris, Robert Laffont, 2017.

KOUSSENS, David, « Neutrality of the State and Regulation of Religious Symbols in Schools in Quebec and France », *Social Compass. International Review of Sociology of Religion*, vol. 56, n° 2, 2009, p. 202-213.

KOUSSENS, David, *L'Épreuve de la neutralité : la laïcité française entre droits et discours*, Bruxelles, Bruylant, 2015.

KOUSSENS, David, « Le théâtre de la laïcité », dans SAAZ, Taher et HEIMPEL, Daniela (dir.), *Les défis du pluralisme*, Montréal, Presses de l'Université de Montréal, coll. « Pluralismes », 2018, p. 113-122.

KRAUSS, François, « Gays, bis et lesbiennes : des minorités sexuelles ancrées à gauche », dans CEVIPOF, *Élections 2012. Les électorats sociologiques*, n° 8, janvier 2012.

LACORNE, Denis, « Les Signes religieux dans l'espace public américain », *Observatoire de la société britannique*, vol. 13, 2012, p. 147-163.

LAHIRE, Bernard, *Pour la sociologie. Et pour en finir avec une prétendue « culture de l'excuse »*, Paris, La Découverte, 2016.

LAOT, Laurent, *Catholicisme, Politique, Laïcité*, Paris, Éditions Ouvrières, 1990.

LAMY, Guillaume, *Laïcité et valeurs québécoises. Les sources d'une controverse*, Montréal, Éditions Québec-Amérique, 2015.

LAMY, Guillaume, « Commission Stasi et Charte des valeurs québécoises : nouvelles trajectoires de la laïcité au Québec et en France », dans MERCIER, Charles et WARREN, Jean-Philippe (dir.), *Identités religieuses et cohésion sociale : la France et le Québec à l'école de la diversité*, Lormont, Le Bord de l'eau, 2016, p. 120-121.

LANDHEER-CIESLAK, Christelle, *La Religion devant les juges français et québécois de droit civil*, Cowansville, Éditions Yvon Blais, 2007.

LAPEYRONNIE, Didier, *L'Individu et les Minorités. La France et la Grande-Bretagne face à leurs immigrés*, Paris, Presses universitaires de France, 1993.

LECLERC, Chloé, « Médias et opinion publique : des relations à préciser et à questionner », *La Porte ouverte*, vol. 26, n° 1, 2013, en ligne : http://www.asrsq.ca/fr/salle/porte-ouverte/1303/salle_por_130303.php (dernière consultation le 15 avril 2017).

LEFEBVRE, Rémi et SAWICKI, Frédéric, *La société des socialistes*, Bellecombes-en-Bauges, Éditions du Croquant, 2006.

LEFEBVRE, Rémi et SAWICKI, Frédéric, « Pourquoi les enseignants français tournent-ils le dos à l'engagement politique ? » dans BARRAULT-STELLA, Lorenzo, GAÏTI, Brigitte et LEHINGUE, Patrick (dir.), *La politique désenchantée ? Perspectives sociologiques autour des travaux de Daniel Gaxie*, Rennes, Presses Universitaires de Rennes, « Res publica », 2018, p. 219-241.

LE MORHEDEC, Erwan, *Identitaire, le mauvais génie du christianisme*, Paris, Cerf, 2017.

LE PEN, Marine, *À contre-flots*, Paris, Granger, 2006.

LIGNIER, Wilfried et PAGIS Julie, *L'Enfance de l'ordre : comment les enfants perçoivent le monde social*, Paris, Seuil, 2017.

LIOGIER, Raphaël, *Une Laïcité « légitime » : la France et ses religions d'État*, Paris, Entrelacs, 2006.

LIOGIER, Raphaël, *Le Mythe de l'islamisation. Essai sur une obsession collective*, Paris, Seuil, 2012.

MABILON-BONFILS, Béatrice et ZOIA, Geneviève, *La laïcité au risque de l'Autre*, La Tour d'Aigues, Éditions de l'Aube, 2014.

MARTIGNY, Vincent, *Dire la France. Culture(s) et identités nationales (1981-1995)*, Paris, Les Presses de Sciences Po, 2016.

MAURER Sophie, *École, Famille et Politique : socialisations politiques et apprentissage de la citoyenneté. Bilan des recherches en sciences politiques*, « Dossiers d'études. Allocation familiale », n° 15, 2000.

MAURRAS, Charles « L'école laïque contre la France », *Almanach de l'Action française*, 1928.

MAYER, Nonna, « Le plafond de verre électoral entamé, mais pas brisé », dans CRÉPON, Sylvain, DÉZÉ, Alexandre et MAYER, Nonna (dir.), *Les faux-semblants du Front national*, Paris, Presses de Science Po, 2015, p. 297-322.

MAYER, Nonna, « The Closing of The Radical Right Gender Gap in France ? », *French Politics*, vol. 13, 2015, p. 391-414.

MAYER, Nonna, « Les démocraties d'Europe occidentale face aux droites extrêmes », dans GUILLET, Nicolas et AFIOUNI, Nada (dir.), *Les tentatives de banalisation de l'extrême droite eu Europe*, Bruxelles, Éditions de l'Université de Bruxelles, 2016, p. 169-178.

MEER, Nasar, MODOOD, Tariq, SALA PALA, Valérie ET SIMON, Patrick, « Cultural Diversity, Muslims, Education in France and in England : two Contrasting Models in Western Europe », dans BANK, J. (dir.) *Routledge International Companion to Multicultural Education*, London, Routledge, 2009.

MÉLENCHON, Jean-Luc, *Réplique au discours de Nicolas Sarkozy, chanoine de Latran*, Paris, Éditions Bruno Leprince, 2008.

MERCIER, Charles, « Laïcités, écoles, intégration », *Études*, n° 1, janvier 2016, p. 43-53.

MERCIER, Charles et WARREN, Jean-Philippe (dir.), *Identités religieuses et cohésion sociale. La France et le Québec à l'école de la diversité*, Lormont, Éditions Le Bord de l'eau, 2016.

MERLEY, Nathalie (dir.), *Université et Laïcité : actes du colloque du 4 avril 2008*, Saint-Étienne, Publications de l'Université de Saint-Étienne, 2011.

MEYER SPACKS, Patricia, *Gossip*, Knopf, New York, 1985.

MILLER Toby and MCHOUL, Alec, *Popular Culture and Everyday Life*, London, Sage, 1998.

MOHAMMED, Marwan et TALPIN, Julien (dir.), *Communautarisme ?*, Paris, coll. « La Vie des idées », 2018.

MONOD, Jean-Claude, *Sécularisation et laïcité.* Paris, Presses universitaires de France, 2007.

NEVEU, Érik, *Sociologie politique des problèmes publics.* Paris, Armand Colin, coll. « U. Sociologie », 2015.

PELLETIER, Denis et SCHLEGEL, Jean-Louis (dir.), *À la gauche du Christ. Les chrétiens de gauche en France de 1945 à nos jours*, Paris, Seuil, 2012.

PEÑA-RUIZ, Henri, *Qu'est-ce que la laïcité ?*, Paris, Gallimard, coll. « Folio actuel », 2003.

PERCHERON, Annick, *L'univers politique des enfants*, Paris, Presses de Sciences Po, 1974.

PERCHERON, Annick, *La socialisation politique*, Paris, Armand Colin, 1993.

PERRENOUD, Philippe, « La pratique pédagogique entre l'improvisation réglée et le bricolage. Essai sur les effets indirects de la recherche en éducation », *Éducation & Recherche*, n° 2, 1983, p. 198-212.

PERRINEAU, Pascal « La surprise lepéniste et sa suite législative », dans PERRINEAU, Pascal et YSMAL, Colette (dir.), *Le vote de tous les refus. Les élections présidentielles et législatives de 2002*, Paris, Presses de Science Po, 2003, p. 199-222.

PERRINEAU, Pascal, *Le symptôme Le Pen. Radiographie des électeurs du Front national*, Paris, Fayard, 1997.

PERRON, Louis-Samuel, « Une députée de la CAQ veut interdire le burkini au Québec », *La Presse*, 17 août 2016, en ligne : http://www.lapresse.ca/actualites/politique/politique-quebecoise/201608/17/01-5011429-une-deputee-de-la-caq-veut-interdire-le-burkini-au-quebec.php (dernière consultation le 19 janvier 2019).

PETIT, Lola, *Enseigner les faits religieux à l'école élémentaire publique en France : éduquer à la laïcité ? Une étude des pratiques des professeurs des écoles*, thèse de doctorat, Université Paris Sciences et Lettres, École pratique des hautes études, 2018.

PEYRARD, Christine, *Politique, religion et laïcité*, Aix-en-Provence, Publications de l'Université de Provence, 2009.

PIOTTE, Jean-Marc et COUTURE, Jean-Pierre, *Les nouveaux visages du nationalisme conservateur au Québec*, Montréal, Éditions Québec-Amérique, 2012.

POTVIN, Maryse, *Crise des accommodements raisonnables. Une fiction médiatique ?*, Montréal, Athéna, 2008.

POTVIN Maryse, « Diversité ethnique et éducation inclusive : fondements et perspectives », *Éducation et sociétés*, n° 33, 17 novembre 2014, p. 185-202.

POULAT, Émile, *Liberté, Laïcité : la guerre des deux France et le principe de la modernité*, Paris, Éditions du Cerf, 1987.

POULAT, Émile, *Notre laïcité publique*, Paris, Berg International, 2003.

PRANCHÈRE, Jean-Yves, « Catho-laïcité », *Revue des deux mondes*, avril 2011, p. 109-132.

PRÉVOTAT, Jacques « La condamnation de l'Action française par Pie XI », dans *Achille Rati pape Pie XI, Actes du colloque de Rome (15-18 mars 1989), organisé par l'École française de Rome, l'Université Lille 3 – GRECO-CNRS, l'Universita degli studi di Milano, l'Università degli studi di Roma – « La Sapienza », la Biblioteca Ambrosiana*, Rome, Publications de l'École française de Rome, n° 223, 1996.

RAISON DU CLEUZIOU, Yann, « La plasticité de la tradition républicaine française », dans MERCIER, Charles et WARREN, Jean-Philippe (dir.), *Identités religieuses et cohésion sociale. La France et le Québec à l'épreuve de la diversité*, Lormont, Éditions Bord de l'eau, 2016, p. 21-30.

RAISON DU CLEUZIOU, Yann, « L'identité catholique française en tension », *Esprit*, mars 2017, p. 19-23.

RAISON DU CLEUZIOU, Yann, *Qui sont les cathos aujourd'hui ? Sociologie d'un monde divisé*, Paris, Desclée de Brouwer, 2014.

RAISON DU CLEUZIOU, Yann, « Un ralliement inversé ? Le discours néo-républicain de droite depuis La Manif Pour Tous », *Mil neuf cent. Revue d'histoire intellectuelle*, n° 34, 2016, p. 125-148.

RANGER, Jean, « Le cercle des sympathisants », dans MAYER, Nonna et

PERRINEAU, Pascal (dir.), *Le Front national à découvert*, Paris, Presses de Science po, 1996, p. 135-149.

RÉMOND, René, *L'Invention de la laïcité : de 1789 à demain*, Paris, Bayard, 2005.

REYNAUD PALIGOT, Carole, *La République raciale. Paradigme racial et idéologie républicaine (1860-1930)*, Paris, PUF, 2006.

ROY, Olivier, *La laïcité face à l'islam*, Paris, Stock, 2005.

SCOTT, Joan Wallach, *The Politics of the Veil*, Princeton, Princeton University Press, 2010.

SIROTA, Régine, « Présentation : pour une sociologie de l'enfance », dans SIROTA, Régine (dir.), *Éléments pour une sociologie de l'enfance*, Rennes, Presses universitaires de Rennes, 2006, p. 1-34.

SORMANY, Pierre, *Le Métier de journaliste*, Montréal, Boréal, 2011.

TAGUIEFF, Pierre-André, *Sur la Nouvelle droite*, Paris, Descartes & Cie, 1994.

TAYLOR, Charles, « The Polysemy of the Secular », *Social Research*, vol. 76, n° 4, 2009, p. 1143-1166.

THOMAS, Carole, « Interdiction du port du voile à l'école. Pratiques journalistiques et légitimation d'une solution législative à la française », *Politique et Sociétés*, vol. 77, n° 2, 2008, p. 41-71.

THROSSELL, Katharine, *Child and Nation : a Study of Political Socialisation and Banal Nationalism in France and England*, Bern, Peter Lang, 2015.

TOURNEMIRE, Pierre « La Ligue de l'enseignement et la laïcité : un même chemin », dans BAUBÉROT, Jean, MILOT, Micheline et PORTIER, Philippe (dir.), *Laïcité, laïcités. Reconfigurations et nouveaux défis*, Paris, Éditions de la Maison des sciences de l'homme, 2014, p. 33-43.

TOURNIER, Pascale, « Nous avons visité la capitale de "l'identité heureuse" », *La Vie*, 14 juillet 2016, p. 24-27.

TOURNIER, Vincent, « Le rôle de la famille dans la transmission politique entre les générations. Histoire et bilan des études de socialisation politique », *Revue des politiques sociales et familiales*, 2010, vol. 99, n° 1, p. 59-72.

VENAYRE, Sylvain, *Les origines de la France : quand les historiens racontaient la Nation*, Paris, Seuil, 2013.

WEIL, Patrick, *Politiques de la laïcité au XXe siècle*, Paris, Presses universitaires de France, 2007.

WEINSTOCK, Daniel, « Pour le multiculturalisme canadien, contre la laïcité française », *Diversité de foi, égalité de droits*, Conseil du Statut de la femme, Montréal, 2006.

WEINSTOCK, Daniel, « La "crise" des accommodements au Québec : hypothèses explicatives », *Éthique publique* [en ligne], vol. 9, n° 1, 2007.

WIEVORKA, Michel, « Laïcité et démocratie », *Pouvoirs*, n° 75, novembre 1995, p. 61-71.

WIEVORKA, Michel, *Pour la prochaine gauche*, Paris, Robert Laffont, 2011.

WILLAIME, Jean-Paul, « La religion civile à la Française et ses métamorphoses », *Social Compass*, vol. 40, n° 4, 1993, p. 571-580.

WILLAIME, Jean-Paul, « 1905 et la pratique d'une laïcité de reconnaissance sociale des religions », *Archives de sciences sociales des religions*, janvier-mars 2005, p. 67-82.

WINOCK, Michel, « L'Action française », dans WINOCK, Michel (dir.), *Histoire de l'extrême droite en France*, Paris, Seuil, 1993.

WINTER, Bronwyn, *Hijab and the Republic : Uncovering the French Headscarf Debate*, Syracuse, Syracuse University Press, 2008.

INDEX DES NOMS

RÉSUMÉS

David KOUSSENS, Charles MERCIER et Valérie AMIRAUX, « Introduction. Nouveaux vocabulaires de la laïcité. 1989, trente ans après »

Après avoir rappelé les étapes de la renégociation du sens du mot laïcité qui s'est opéré entre 1989 (affaire des foulards de Creil) et 2004 (loi prohibant les signes ostensibles à l'école publique), l'introduction présente l'objectif de l'ouvrage collectif : comprendre la laïcité à partir d'une analyse du sens que lui attribuent dans les débats contemporains les entrepreneurs de causes, d'une part, les citoyens, d'autre part.

Rémi LEFEBVRE, « La laïcité au Parti socialiste. De l'emblème au problème »

Les significations de la laïcité ont toujours été plurielles à gauche mais les luttes autour de ce marqueur historique, longtemps relativement consensuel, se sont exacerbées ces dernières années avec les débats autour de l'islam. Le mot est devenu un motif de mésentente et de luttes symboliques très fortes, qui ne recouvrent que partiellement les divergences d'approches en matière socio-économique. Ce chapitre cartographie les clivages, et propose de les sociologiser, tout particulièrement au Parti socialiste.

Sylvain CRÉPON, « Le Rassemblement national et la laïcité. Retour sur des usages contradictoires »

À partir d'enquêtes qu'il mène depuis près de vingt ans, l'auteur de ce chapitre analyse le référentiel laïque relayé par les cadres et militants du Rassemblement national. Il forme l'hypothèse que le parti de Marine Le Pen reprend à son compte les conceptions des mouvements néo-populistes qui justifient la xénophobie au nom de la défense des valeurs libérales, issues de la gauche.

Yann RAISON DU CLEUZIOU, « L'Église, fille aînée de la République ? Les apologies de la catho-laïcité depuis les attentats de janvier 2015 »

Ce chapitre porte sur le déploiement de deux rhétoriques de la laïcité au sein du catholicisme contemporain français. D'une part, celle des évêques qui interviennent fréquemment pour défendre la liberté d'expression de toutes les religions au nom de la loi de 1905, de l'autre celle des catholiques observants et d'une partie de la droite qui, cherchant à contrer l'islam, plaident pour une limitation de la liberté religieuse dont le catholicisme serait exonéré en raison de sa valeur patrimoniale.

Valérie AMIRAUX et David KOUSSENS, « Laïcité (France) *vs* accommodements raisonnables (Québec). Circulation transnationale des discours publics sur la définition des rapports au religieux »

Ce chapitre analyse les processus qui sous-tendent les comparaisons, fréquentes dans le discours public, entre, d'un côté une laïcité « à la française » aux vertus intégratrices et, de l'autre, des accommodements raisonnables « à la québécoise » provoquant des divisions. À partir d'une analyse lexicographique d'articles de presse, les auteurs montrent comment des typifications circulent indépendamment des contextes, et contribuent à polariser les lectures autour de prétendus « modèles nationaux ».

Charles MERCIER, « Le vocabulaire enfantin de la laïcité. Une enquête auprès d'écoliers bordelais »

S'il existe, en contexte français, des enquêtes documentant les représentations des collégiens sur la laïcité, il n'y a pas encore de travaux concernant celles des élèves de l'école primaire. Ce chapitre explore ce terrain inconnu à partir d'un questionnaire rempli au printemps 2017 par 160 écoliers bordelais. Après avoir présenté les conditions de production des données, l'auteur analyse les contenus et les jugements de valeurs que les répondants associent au vocabulaire de la laïcité.

Cécile ALDUY, « Ce que disent les Français de la laïcité. Consensus républicain et polémiques identitaires »

Ce chapitre compare les paroles des politiques et celles de leurs électeurs au sujet de la laïcité, grâce à l'analyse de deux bases de données textuelles collectées lors de la campagne de la présidentielle de 2017 en France. Même si l'on note des circulations entre « producteurs » et « récepteurs » de discours, les citoyens ne parlent pas forcément la même langue que les candidats qu'ils soutiennent. Leur position semble déterminée par des variables socio-culturelles plus que par l'affiliation partisane.

TABLE DES MATIÈRES

IMPRIM'VERT®

Achevé d'imprimer par Corlet Numéric,
Z.A. Charles Tellier, Condé-en-Normandie (Calvados), en février 2021
N° d'impression : 170447 - dépôt légal : février 2021
Imprimé en France